Lydia Brownback
Vertrauen
Andachten für Frauen

Lydia Brownback

Vertrauen
Andachten für Frauen

Bibelzitate nach der Revidierten Elberfelder Übersetzung,
© 2011 SCM R.Brockhaus im SCM-Verlag GmbH & Co. KG

Brownback, Lydia
Vertauen
Andachten für Frauen

Titel des amerikanischen Originals: Trust
Copyright © 2008 by Lydia Brownback
Published by Crossway
a publishing ministry of Good News Publishers,
Wheaton, Illinois 60187, U.S.A.
This edition is published by arrangement
with Crossway.
All rights reserved.

© Copyright 2012 der deutschen Ausgabe
Christliche Verlagsgesellschaft mbH, Dillenburg
www.cv-dillenburg.de
Übersetzung: Anke Hillebrenner, Brake
Umschlaggestaltung: Christoph Ziegeler
www.pixelkraft.de
Satz: CV Dillenburg
Druck: CPI Moravia Books, Pohorelice

Printed in Czech Republic

Inhalt

Einleitung

Tornado verwüstet ganze Stadtteile" – „Vier Tote bei Amoklauf" – „Selbstmordattentäter sprengt Schulbus in die Luft" – solche und ähnliche Nachrichten jagen über unsere Fernsehbildschirme. Tag und Nacht werden wir mit Schreckensmeldungen über Familiendramen mit tödlichem Ausgang, über den Missbrauch von Kindern und mit einer westlichen Zivilisation konfrontiert, die zusehends dem Abgrund des moralischen Zerfalls entgegensteuert. Dazu kommen noch die Probleme, mit denen wir in unserem eigenen Leben zu kämpfen haben: Einsamkeit, Enttäuschung, Krankheit, Sorgen. Endet der Fluss der Zerstörung, des Verlusts und des Todes, von dem wir mitgerissen werden, denn nicht irgendwann?

Die gute Nachricht ist, dass alle körperlichen und seelischen Leiden tatsächlich irgendwann ein Ende haben werden, und zwar mit der Wiederkunft Jesu Christi. Gott hat es versprochen und er hält alle seine Zusagen. Der Terror und der Schrecken, deren Bilder uns das Fernsehen in die Wohnzimmer bringen, treffen Gott nicht unvorbereitet. Er hat alles unter Kontrolle und hält alles in seiner mächtigen Hand. Deshalb brauchen wir uns nicht zu fürchten. Doch warum gehen trotzdem so viele Menschen, die sich zu Jesus Christus bekennen, voller Angst durchs Leben? Obwohl Gottes Wort uns sagt, dass wir uns nicht fürchten müssen, werden viele Christen häufig von Furcht geplagt.

Haben Sie mit Angst zu kämpfen? Kennen Sie das Gefühl, wenn sie mit ihrer kalten Hand nach dem Herzen greift und es lahmlegt? Vielleicht ist es nicht Angst im eigentlichen Sinne, sondern es ist eine permanente, von Besorgnis geprägte Unruhe, die Sie umtreibt. Stress ist zu Ihrem ständigen Begleiter geworden und sorgenvoll zerbrechen Sie sich über kleine und weniger kleine Angelegenheiten den Kopf. Irgendwo auf der Skala, die von ruhelosen Gedanken bis zu atemraubenden Panikattacken reicht, kämpft jeder von uns mit Angstgefühlen der einen oder anderen Art, denn Angst ist ein Phänomen, das zwangsläufig mit einer gefallenen Welt einhergeht. Gleichwohl macht die Bibel sehr deutlich, dass die Angst keinen Platz im Leben derer hat, die zu Jesus Christus gehören. Gottes Wort hilft uns dabei, der Ursache unserer Angst auf die Spur zu kommen, und zeigt uns Wege auf, ihr zu begegnen. Ich wünsche mir, dass das gemeinsame Betrachten von Gottes Wort in diesem Buch dazu dient, dass unser Glaube gestärkt und unsere Angst abgebaut wird.

Das Überwinden von Ängsten beginnt mit der Erkenntnis, dass jede Form von Angst eine geistliche Ursache hat. Immer und ohne Ausnahme stehen sie in direktem Verhältnis zu unserem Gottesbild. Zugegebenermaßen kommt diese Tatsache nur selten an die Oberfläche. Unsere überfrachteten Terminkalender – selbst Vorschulkinder haben heutzutage schon welche – sind hochwirksame und zuverlässige Stressgeneratoren.

Die meisten von uns kämpfen täglich gegen einen Mangel an Zeit, Geld oder Energiereserven an, der die Bewältigung unserer täglichen Aufgaben ausbremst, und der fortwährende Versuch, diesen Mangel auszugleichen, gewährt dem Stress Einlass in unsere Ehen und zieht Sorgenfalten in unsere Gesichter. Entgegen allem Anschein sind die straffe Terminplanung und hohe Aufgabendichte jedoch nicht die eigentlichen Gründe für unsere Angst. Der wahre Grund ist ein Mangel an Verständnis in Bezug auf Gottes Wesen und seine Art und Weise, in unser Leben einzugreifen. Wenn wir eine enge Verbindung zu Gott pflegen und erkennen, wer er wirklich ist und wer er für uns in Jesus Christus sein möchte, dann werden wir feststellen, dass wir unsere Angst getrost loslassen können.

Er ist der Gott, der jedes Haar auf unserem Haupt gezählt hat (Matthäus 10,30) und der versprochen hat, für alle unsere Bedürfnisse zu sorgen (Philipper 4,19). Er ist der Vater, der uns alles reichlich zum Genießen gibt (1. Timotheus 6,17). Er ist der Gott, der zugesagt hat, denen, die ihr Glück in ihm suchen, zu geben, was ihr Herz begehrt (Psalm 37,4). Er ist derjenige, der uns gebietet, uns um nichts zu sorgen und alle unsere Sorgen auf ihn zu werfen (1. Petrus 5,7). Er ist derjenige, der uns bereits das Beste, was er hatte – seinen Sohn –, gegeben hat und uns deutlich macht, dass wir deshalb darauf zählen dürfen, dass er sich auch um alles andere kümmern wird (Römer 8,32).

Wenn das wirklich wahr ist – und es ist wahr, denn sein Wort sagt es uns –, dann stellt sich die Frage, warum wir uns immer noch mit Angst plagen. Wir haben Angst, weil wir ihm nicht vertrauen. Und wir vertrauen ihm nicht, weil wir nicht bis zur letzten Konsequenz glauben, dass er gut ist. Wir nehmen ihn schlicht und ergreifend nicht beim Wort.

Der einzige Weg, um Gott wirklich zu vertrauen, ist der, ihn wirklich kennenzulernen. Ist unsere Erkenntnis seines Wesens lückenhaft, so folgt daraus ein verzerrtes Gottesbild, das Gott klein und gering macht. Wenn wir Gott aber einen geringen Stellenwert geben, so bekommen die Dinge dieser Welt automatisch einen hohen Stellenwert in unserem Denken und werden so übermächtig, dass sie uns unter sich begraben. Gestalten wir unser Leben so, als wären wir für unser eigenes Geschick und das unserer Lieben verantwortlich und als müssten wir es eigenhändig steuern und kontrollieren, haben wir die Angst automatisch mit im Boot, weil wir genau wissen, dass wir absolut nichts unter Kontrolle haben. Viele wischen den Zusammenhang zwischen ihrem alltäglichen Stresspegel und ihrem Gottesbild allzu schnell vom Tisch. »Ich denke ja auch nicht klein von Gott«, wenden wir ein. »Ich lebe bewusst als Christ, gehe jeden Sonntag zum Gottesdienst und verbringe auch sonst viel Zeit mit anderen Gläubigen.« Doch wenn wir ständig mit Ängsten und Sorgen zu tun haben, dann machen wir uns in diesem Punkt selbst etwas vor. Das Bild, das wir von Gott haben, fällt nicht so majestätisch aus, wie wir vielleicht meinen. Ein biblisches Gottesbild ist das einzig wirksame Mittel gegen unser zwanghaftes Bemühen, alles kontrollieren und regeln zu wollen und gegen die Illusion, es auch wirklich zu können.

Hinzu kommt, dass wir aufgrund des falschen Bildes, das wir von Gott haben und das die Angst in uns schürt, zu viel Wert auf die falschen Dinge legen. Fehlt es uns an Gotteserkenntnis, werden wir nicht verstehen können, dass er das Höchste ist, wofür es sich zu leben lohnt. Zwangsläufig werden wir dann ein Leben führen, in dem wir uns ständig um unser Ich drehen. Unsere Probleme, unsere Familien – eben all das, was unsere kleine Welt bewegt – wird ungemein wichtig und übermächtig. Wir legen das sanfte und leichte Joch Christi ab, zu dem wir eigentlich berufen sind. Stattdessen greifen wir nach dem Joch des selbstbestimmten Lebens aus eigener Kraft und versuchen, Gott irgendwie mit ins Boot zu holen. Viele unserer Sorgen und Ängste rühren daher, dass wir dieses selbst gewählte Joch schleppen. »*Die Narrheit des Menschen führt ihn in die Irre, aber auf den HERRN ist sein Herz wütend*« (Sprüche 19,3).

Manche Christen realisieren gar nicht, dass sie schlichtweg am falschen Joch ziehen. Wir streben nach Zielen, die dem Bau des Reiches Gottes und dem Segen anderer dienen, und entsprechend lauten auch unsere Gebete. Doch wie reagieren wir, wenn irgendetwas nicht nach Plan läuft? Sind wir frustriert, ungeduldig, besorgt und ängstlich, wenn Dinge sich nicht planmäßig entwickeln oder Gebete nicht sofort beantwortet werden? Dann ist das ein Hinweis darauf, dass etwas in Schieflage geraten ist. Jede falsche Ansicht über

Gottes Wesen mündet in Gefühlen wie Sorge oder Lebensangst. Eine gesunde Beziehung auf vertikaler Ebene – also eine gesunde Beziehung zu Gott – ist die Voraussetzung für gesunde Beziehungen auf horizontaler Ebene – die Beziehungen zu anderen Menschen, unsere Haltungen ihnen, dem Leben und uns selbst gegenüber. Wer also sein Leben neu ordnen möchte, muss seine Sicht von Gott überprüfen und möglicherweise geraderücken.

Weil Gott alles überblickt und lenkt, müssen wir alles, was uns in unserem Leben widerfährt, durch diese Linse der göttlichen Souveränität betrachten. Oftmals jedoch tun wir das eben gerade nicht. Stattdessen lassen wir unser Gottesbild von unseren Lebensumständen modellieren. Sobald uns etwas Negatives zustößt, werfen wir unser Bild von einem liebenden, mitfühlenden Vater über Bord.

»Wo ist der Gott des Trostes in all meinem inneren Schmerz?«

»Wie kann ein allmächtiger Gott mein Baby sterben lassen?«

»Warum lässt ein guter Gott meine Ehe zerbrechen?«

Und manchmal können wir Gott auch nicht finden, wenn wir unseren Schmerz herausschreien und ihn bitten, uns sein Gesicht zu zeigen. Er scheint so unendlich weit weg zu sein, und wir ziehen daraus den Schluss, dass er doch nicht so gut und so freundlich und so mächtig ist, wie wir immer dachten. Unser ohnehin schwacher Glaube wird erschüttert, und wir entfernen uns innerlich von Gott, weil wir uns mehr Sicherheit von unseren eigenen Mitteln und Wegen versprechen und von den Menschen, die uns lieben.

Die Erfahrungen, die unseren Glauben am meisten prüfen und die Angst in uns am meisten zu schüren vermögen, sind die Situationen, in denen Gott uns zunächst Segen zuteil werden lässt und uns kurz darauf dann den Boden unter den Füßen wegzieht, indem er uns das Gute wieder nimmt, sobald wir ein bisschen davon geschmeckt haben. Nehmen wir einmal die alleinstehende Frau, die schon jahrelang auf einen gläubigen Ehemann wartet. Endlich trifft sie ihn. Gott hat Gebet erhört und Segen geschenkt! Sie fühlt förmlich Gottes freundliches Angesicht auf sich ruhen, während sie sich auf die Hochzeit und ihr neues Leben als Ehefrau vorbereitet. Aber dann überlegt es sich der Mann zwei Tage vor der Hochzeit doch noch einmal anders und bläst das Ganze ab. Für die Braut bricht eine Welt zusammen. Sie kann nicht verstehen, dass Gott ihr das Ersehnte so nah vor Augen gestellt hat, nur um ihre Hoffnung dann wieder zu zerschlagen. »Warum sollte ein liebender Gott so etwas tun?« Angesichts dieser Frage beginnt ihr Glaube zu bröckeln. Gott ist nicht der, für den sie ihn gehalten hat.

Wenn wir solche Erfahrungen machen müssen, kann unser Leben in seinen Grundfesten erschüttert werden. *Offensichtlich kann ich Gott nicht vertrauen,* denken wir dann. *Jetzt nehme ich die Dinge lieber selbst in die Hand. Wenn Gott mir so etwas antun konnte, wer weiß, was für Schicksalsschläge er mir noch zumuten will?* In solchen Situationen nehmen wir im Strudel unserer Gedanken gar nicht mehr wahr, dass wir von den falschen Voraussetzungen ausgehen. Unsere Sicht von Gott hat Schlagseite bekommen. Wir waren fest der Meinung, dass wir Gott wirklich vertraut haben, doch eigentlich hatten wir unser Vertrauen nur auf das Bild gesetzt, das wir uns selbst von Gott gemacht hatten, und darauf, dass Gott uns Dinge schenken wird, die unser Leben glücklicher machen. Dabei übersehen wir die Tatsache, dass Enttäuschungen und andere Schwierigkeiten in Wahrheit Segnungen sind, die in dunkler Verkleidung daherkommen. Gott platziert sie in unserem Leben, um uns näher zu sich zu ziehen und uns mehr Erkenntnis seines Wesens zu schenken. Nur so können wir falsche Vorstellungen, die wir uns von ihm und von einem Leben mit ihm gemacht haben, enttarnen und ablegen.

Wird uns erst einmal bewusst, dass Gott nicht so ist, wie wir ihn uns vorgestellt haben, und dass er nicht in unser selbst gezimmertes Bild passen will, kann sich vor uns ein regelrechter Abgrund des Zweifels oder Unglaubens auftun. »Wer ist Gott eigentlich, wenn ich mich noch nicht einmal darauf verlassen kann, dass er mich vor schlimmen Erfahrungen und Ereignissen schützt?«, fragen wir uns dann. »Bin ich bei ihm überhaupt willkommen? Ich habe mich immer mit allen kleinen und großen Kümmernissen an ihn gewendet, aber woher weiß ich, dass ihn das alles wirklich interessiert? Habe ich mich möglicherweise all die Jahre getäuscht?« Wenn unser Bild eines liebenden Gottes infrage gestellt wird, wissen wir manchmal weder ein noch aus.

Während uns derartige Erfahrungen und der damit verbundene Schmerz zu Boden werfen, können wir nicht mehr erkennen, dass Gott in der Tat all die guten Attribute in sich vereint, die wir ihm immer zugeschrieben haben, bevor sich unsere Probleme einstellten. Wie sich seine Güte in unserem Leben konkret auswirkt, unterscheidet sich jedoch oft ganz stark von unseren eigenen Erwartungen und Wünschen. Indem Gott uns Leid durchleben lässt, fordert er unseren Glauben heraus mit dem Ziel, diesen zu stärken. Er möchte einen Glauben in uns bewirken, der ihm vertraut und sich auch noch an ihn klammert, wenn seine liebende Fürsorge Verlust, den Abschied von Wünschen und irdischen Hoffnungen oder schmerzvolle Erfahrungen für uns vorsieht, die unser ganzes Leben dauerhaft verändern. Enttäuschungen sind keine Hiebe, die von der Hand eines grausamen Gottes ausgehen; es sind Umstände, die ein Gott gezielt führt und lenkt, der eine Beziehung zu uns haben möchte und uns in Wahrheit näher zu sich zieht.

Zeiten herber Rückschläge und Schwierigkeiten können ein Hinweis darauf sein, dass Gott unser Herz näher zu sich bewegen möchte, auch wenn er meilenweit entfernt scheint. Die Schrift bestätigt diese Sicht der Dinge, indem sie uns von einigen Männern und Frauen berichtet, die durch Situationen großer Angst gehen mussten, weil Gott am Werk war und ihre Gottesbeziehung stärken wollte. Der Prophet Jesaja berichtet von seinen Erlebnissen:

»Im Todesjahr des Königs Usija, da sah ich den HERRN sitzen auf hohem und erhabenem Thron, und die Säume seines Gewandes füllten den Tempel. Serafim standen über ihm. Jeder von ihnen hatte sechs Flügel: Mit zweien bedeckte er sein Gesicht, mit zweien bedeckte er seine Füße, und mit zweien flog er. Und einer rief dem andern zu und sprach: »Heilig, heilig, heilig ist der HERR der Heerscharen! Die ganze Erde ist erfüllt mit seiner Herrlichkeit!« Da erbebten die Türpfosten in den Schwellen von der Stimme des Rufenden, und das Haus wurde mit Rauch erfüllt. Da sprach ich: Wehe mir, denn ich bin verloren. Denn ein Mann mit unreinen Lippen bin ich, und mitten in einem Volk mit unreinen Lippen wohne ich. Denn meine Augen haben den König, den HERRN der Heerscharen, gesehen.«*
Jesaja 6,1–5

Jesaja sah Gott, doch das rief in ihm keine Glücksgefühle hervor. Vielmehr ließ ihn dieses Erlebnis ausrufen: »Wehe mir!« Was genau war es, wovor sich Jesaja fürchtete? Der Anblick Gottes aus nächster Nähe, der eine realistische Betrachtung seiner selbst zur Folge hatte, ließ das Gefühl von Furcht in ihm aufsteigen. Johannes Calvin sagte, dass wir uns selbst erst kennen, wenn wir Gott kennengelernt haben. Genau das bewahrheitete sich bei Jesaja, der plötzlich mit der klaren Erkenntnis der eigenen Sünde, seinen »unreinen Lippen«, konfrontiert wurde. Jesaja brachte ein Phänomen auf den Punkt, das viele inmitten ihrer Furcht nicht wahrnehmen: automatische Enthüllung der Sünde im Angesicht der göttlichen Heiligkeit. Entgegen mancher moderner Lehren wird uns unsere Sünde mehr und nicht weniger bewusst, je näher wir bei Gott sind. Wenn wir diesen Zusammenhang nicht verstehen, werden Furcht und Sorge weiter zunehmen.

Maria ist ein weiteres Beispiel für einen Menschen, dem der Herr nahe kam: »*Im sechsten Monat aber wurde der Engel Gabriel von Gott in eine Stadt von Galiläa, mit Namen Nazareth, gesandt, zu einer Jungfrau, die einem Mann namens Josef, aus dem Haus Davids, verlobt war, und der Name der Jungfrau war Maria. Und er kam zu ihr hinein und sprach: Sei gegrüßt, Begnadete! Der HERR ist mit dir. Sie aber wurde bestürzt über das Wort und überlegte, was für ein Gruß dies sei*« (Lukas 1,26–29). Der Engel sprach zu ihr: »*Fürchte dich nicht, Maria! Denn du hast Gnade bei Gott gefunden*« (Vers 30). Der Engel brachte eine frohe Botschaft, doch Marias erste Reaktion war nicht überschäumende Freude; den Worten des Engels können wir entnehmen, dass sie sich fürchtete. Reagieren wir nicht ähnlich? Gott konfrontiert uns mit Dingen, durch die er uns segnen möchte, und wir schrecken zurück, weil wir unsere bequem eingerichteten Verhältnisse und die sorgfältig zurechtgelegten Pläne gefährdet sehen.

Und dann war da noch Mose. Versetzen Sie sich einmal in seine Lage, als er den brennenden Busch sah:

»*Als aber der HERR sah, dass er herzutrat, um zu sehen, da rief ihm Gott mitten aus dem Dornbusch zu und sprach: Mose! Mose! Er antwortete: Hier bin ich. Und er sprach: Tritt nicht näher heran! Zieh deine Sandalen aus, denn die Stätte, auf der du stehst, ist heiliger Boden! ... Ich bin der*

Gott deines Vaters, der Gott Abrahams, der Gott Isaaks und der Gott Jakobs.« Da verhüllte Mose sein Gesicht, denn er fürchtete sich, Gott anzuschauen.«
2. Mose 3,4–6

Die Erlebnisse, die uns von Jesaja, Maria und Mose berichtet werden, unterscheiden sich natürlich in der konkreten Ausprägung, weisen jedoch eine entscheidende Gemeinsamkeit auf: Jeder von ihnen reagierte auf die Nähe Gottes zunächst mit Angst. Aus diesen Berichten können wir ableiten, dass Gott sich uns manchmal unerwartet auf eine Art und Weise nähert, die unser Leben auf den Kopf stellt und uns Furcht einflößt. Im Fall von Jesaja, Maria und Mose ging es jeweils um den Auftakt zu einem besonderen Auftrag, den er für sie hatte, von dem sie jedoch ursprünglich nichts ahnten. An so etwas dachten sie nicht einmal, denn die Angst legte all ihr Denken lahm.

All diejenigen, die Gott beruft, werden bei der einen oder anderen Gelegenheit einen ähnlichen »göttlichen Übergriff« erleben. In Wahrheit ist es ein Gnadengeschenk. Gott lüftet ein wenig den Schleier, sodass wir einen flüchtigen Blick auf die Wirklichkeit seines Wesens erhaschen und erkennen können, wer wir im Angesicht seiner Gegenwart sind. Vielleicht erleben Sie ja zurzeit einen »göttlichen Übergriff« in Ihrem Leben. Es könnte sein, dass Gott Sie dadurch für einen bestimmten Auftrag in seinem Werk zurüsten möchte.

Einer Sache können Sie sich trotz allem gewiss sein: Unabhängig davon, wie Gottes Pläne mit Ihnen aussehen, nähert er sich immer mit dem Ziel, Sie in der Tiefe Ihres Herzens erkennen zu lassen, wie sehr Sie Jesus brauchen. Wie oft erfassen wir nicht die Bedeutung, die Jesus für uns hier und heute hat. Wir verlagern die Rolle Jesu in unserem Leben ausschließlich auf den Bereich des Vergangenen: Er ist die Person des dreieinigen Gottes, die uns durch seinen Tod und seine Auferstehung vor zweitausend Jahren die Tür zum Christsein öffnete. Aber er ist noch viel mehr. Dank seines Werkes, das er täglich in uns vollbringt und das Augenblick für Augenblick in der Einheit mit ihm sichtbar wird, sind wir imstande, als Christen zu leben und ein tiefes Verständnis dafür zu entwickeln, was das Leben als Christ ausmacht.

Ist Ihnen schon einmal bewusst geworden, dass Sie Gott nur deshalb als Vater erleben dürfen, weil Jesus in der Beziehung zwischen uns und Gott Tag für Tag und Augenblick für Augenblick als Vermittler fungiert? Er hat uns nicht nur den Weg durch die Tür gebahnt; er sorgt auch dafür, dass wir nicht wieder hinausmüssen. Ohne ihn sind wir unwürdig zu beten, unwürdig, Gebetserhörungen erwarten zu dürfen, unwürdig, überhaupt auf die Gunst Gottes zu hoffen. Niemand von uns gelangt jemals auch nur eine Sekunde lang in die Gegenwart Gottes ohne die Hilfe und Fürsprache des gegenwärtigen Werkes Jesu Christi. Wenn Gott sich uns also nähert, möchte er in erster Linie unsere Sinne für das aktuelle und anhaltende Werk Christi schärfen, obwohl wir zunächst mit Furcht darauf reagieren.

Unsere Reaktion auf solche Eingriffe Gottes in unser Leben, die in unserem Fall eher als persönliche Krise, als Verlust oder unerfülltes Bedürfnis daherkommen und eben nicht als eine Vision, ein Engel oder ein brennender Busch, fällt auf zweierlei unterschiedliche Weise aus. Entweder wenden wir uns in unserer Angst an Gott und klammern uns an ihn, weil wir erkennen, was Jesus für uns bedeutet, oder wir fliehen und ziehen uns von der einzigen Quelle, die uns Hilfe anbieten kann, zurück. Wenn nun jemand mit chronischen Sorgen und Ängsten zu kämpfen hat – ob nun aufgrund einer geistlichen Krise oder nicht –, so kann es daran liegen, dass er den letzteren Weg gewählt hat. Aber Gott ruft uns und geht uns nach, und der mit der Angst verbundene Kummer ist seine gnädige Art, uns zu dem zurückzubringen, der uns Ruhe geben kann: Christus. Ich wünsche mir, dass wir den Weg zurück zu dieser Quelle der Ruhe finden.

Die geheimen Winkel unseres Herzens

*»Seid um nichts besorgt,
sondern in allem sollen durch Gebet und Flehen
mit Danksagung eure Anliegen vor Gott kundwerden.«*
Philipper 4,6

Sie ist ein nervöses Hemd.« – Wann immer jemand Sara beschreiben soll, fällt ein Satz wie dieser. Vermutlich liegt das an Saras Angewohnheit, ihren täglichen Stress dadurch zu kompensieren, dass sie zum Telefonhörer greift und die nächstbeste Freundin mit ihren Sorgen behelligt. Ob es die defekte Spülmaschine ist oder die Schlechtwetterprognose für den nächsten Tag: Sara macht aus allem ein Problem. Viele verhalten sich oft genau umgekehrt: Sie fressen ihre Sorgen in sich hinein, um sogar den Menschen, die ihnen am nächsten stehen, eine ruhige und ausgeglichene Oberfläche präsentieren zu können.

Vielleicht gibt es auch in Ihrem Inneren verborgene Sorgen und Nöte, von denen niemand etwas ahnt – nicht einmal die Menschen in ihrer unmittelbaren vertrauten Umgebung. Wenn Sie zu den Frauen gehören, die mit übermäßiger Anspannung zu kämpfen haben und unter hohem Druck stehen, die daraus resultierende Angst jedoch vor anderen verbergen, dann ist ihr Alltag sehr wahrscheinlich auch von Gefühlen der Einsamkeit geprägt. Tröstlich dabei ist jedoch, dass Gott all unsere Ängste kennt. Er kennt auch die Ursache und Ihre persönliche Art, damit umzugehen. Und er weiß schließlich auch, wie Sie diese Ängste überwinden können.

Gott möchte nicht, dass die Angst Sie quält; er möchte Sie von dieser Angst befreien. Furcht, Sorge und Angst müssen eine Tochter Gottes nicht umtreiben. Eine Tatsache, die wir in unserer hektischen Zeit leicht übersehen oder als übertrieben beiseiteschieben ist diese: Angst ist Sünde. Aber Paulus' Aufforderung ist eindeutig: »Seid um nichts besorgt.« Diese Worte lassen keine Ausnahmen zu. Wenn uns Gottes Wort sagt, dass es keinen Grund zur Sorge gibt, dann heißt das, dass es keinen Grund zur Sorge gibt. Wir müssen uns nur dazu entschließen, ihn wirklich beim Wort zu nehmen und das Gegenmittel anwenden, das Paulus uns hier nennt: das Gebet.

Gibt es etwas, das gerade heute schwer auf Ihrer Seele lastet? Was auch immer es sein mag, bringen Sie es Ihrem himmlischen Vater im Gebet, bevor Sie in der Hoffnung auf trostspendende Worte zum Telefonhörer greifen. Sagen Sie ihm, was Sie brauchen und worum Sie ihn bitten möchten, und danken Sie ihm für die Art und Weise, wie er Ihr Gebet beantworten wird. Er wird mit Sicherheit antworten. Geben Sie ihm alle Handlungsfreiheit, und Sie werden inneren Frieden erleben, noch bevor Sie wissen, wie Gott die Sache regelt. Denn dieser Friede entspringt der Gewissheit, dass die Angelegenheit in seinen vollkommenen und weisen Händen am besten aufgehoben ist. Echter Glaube, der tiefen, inneren Frieden zu erzeugen vermag, lässt Gott die Freiheit, die beste Antwort auf unser Bitten zu wählen.

Die »Was-ist-wenn«-Frau

»Vertraue auf den HERRN mit deinem ganzen Herzen
und stütze dich nicht auf deinen Verstand!«
Sprüche 3,5

Sind Sie eine »Was-ist-wenn«-Frau? Ein Großteil der Energie und Zeit einer »Was-ist-wenn«-Frau versickert im Nachgrübeln über das, was passieren könnte, was sie sagen und tun sollte und was die anderen dann darüber denken könnten.

»Was ist, wenn ich im Zuge der nächsten Rationalisierungsmaßnahmen meine Arbeitsstelle verliere?«

»Was ist, wenn ich unfruchtbar bin?«

»Was ist, wenn sich dieses Muttermal als Hautkrebs erweist?«

»Ich habe nächste Woche einfach keine Zeit, zu dieser Feier zu gehen. Was ist, wenn Sally mich dann nie wieder einlädt?«

Unser Grübeln über das, was eventuell passieren könnte, ist sinnlos. Sehen Sie es einmal so: Dadurch, dass Sie sich den Kopf über eine Situation zerbrechen, können Sie nicht verhindern, dass ein Ereignis, das Ihnen Sorgen bereitet, nicht eintritt. Der »Was-ist-wenn«-Gedankenkreislauf kann morgens mit dem ersten Augenaufschlag beginnen und nimmt einen oftmals den ganzen Tag über gefangen. Doch Gott möchte keine

»Was-ist-wenn«-Frauen. Das »Was-ist-wenn«-Denken raubt Lebenskraft und zeigt einen Mangel an Vertrauen in Gottes weise und liebende Fürsorge in unserem Leben. Er, der jedes einzelne Haar auf jedem Haupt gezählt hat – nicht einmal die eitelste Frau auf Erden würde sich diese Mühe machen –, legt überaus großen Wert darauf, dass wir ihm in allen Dingen voll und ganz vertrauen: in Bezug auf die Führung unseres Haushaltes, auf unsere Gesundheit, unsere Beweglichkeit und unsere Beziehungen zu anderen Menschen. Und weil er sich nicht nur um diese Angelegenheiten sorgt, sondern auch die Macht hat, sie nach seinem Belieben zu lenken, möchte er, dass wir ihm die Verfügungsgewalt zugestehen und überlassen.

Vertrauen wir Gott in den Dingen unseres Alltagslebens, merken wir, wie uns diese Haltung Freiheit zu einer tiefen Freude an ihm und an anderen Menschen schenkt, weil er sich um alles kümmert. Wir können durchatmen und sind frei zu leben und zu lieben. Unsere eigentliche Bestimmung ist es, Gott zu verherrlichen und uns an ihm zu erfreuen und nicht all unsere Kraft an die Sorgen des Alltags und an die Angst vor eventuell eintretenden Schwierigkeiten zu verlieren. Er wird uns mit allem ausstatten, was wir brauchen, um unsere Lebensumstände meistern zu können. Die Befreiung von Furcht ist das Ergebnis dieser festen Gewissheit und der Bereitschaft, Gottes Fürsorge dankbar anzunehmen, auch wenn sie von unseren eigenen Vorstellungen abweichen mag.

Die einzige Hoffnung für Phobiker

*»Fürchte dich nicht, denn ich bin mit dir! Habe keine Angst,
denn ich bin dein Gott! Ich stärke dich, ja, ich helfe dir,
ja, ich halte dich mit der Rechten meiner Gerechtigkeit.«*
Jesaja 41,10

Wie so häufig fuhr Katy über die Schnellstraße in Richtung Innenstadt. Plötzlich wurde ihr Fahrzeug von einem anderen Auto abgedrängt, sodass sie in den entgegenkommenden Verkehr hineinrauschte. Das Ergebnis war ein völlig demoliertes Auto. Noch Monate später bekam Katy jedes Mal Herzrasen und Panikattacken, sobald sie sich einer Einfädelspur näherte. Es wurde so extrem, dass sie sich irgendwann nicht mehr traute, in die Stadt zu fahren. Sie umging das Problem, indem sie eine nicht so stark befahrene Nebenstrecke wählte. Menschen wie Katy brauchen die Zusage, die wir beim Propheten Jesaja lesen: »Fürchte dich nicht, denn ich bin mit dir! Hab keine Angst, denn ich bin dein Gott!« Die Wahrheit, die in dieser Aussage des Propheten Jesaja enthalten ist, ist die einzige Hoffnung für diejenigen, die unter Panikattacken und deren lähmenden Auswirkungen leiden. Vielleicht zählen Sie ja auch dazu.

Reaktionsschemata, die sich zu chronischen Panikattacken entwickeln können, entstehen oftmals aufgrund eines einzigen traumatischen Erlebnisses. Viele Frauen können sich mit Katy und ihrem Problem identifizieren. Ihr Trauma ist vielleicht wie in Katys Fall während des Autofahrens entstanden oder möglicherweise hat es seinen Ursprung in einem ganz anderen Lebensbereich. Erinnerungen an traumatisierende Erfahrungen – egal, welcher Art – können überwältigende Dimensionen annehmen, wenn man sie wieder und wieder in seinem Kopf kreisen lässt. Die Angst wird zum lebensverändernden Faktor, indem sie einen inneren Mechanismus in Gang setzt, der ständig bemüht ist, das Wiederauftreten panischer Reaktionen zu verhindern. Der Mechanismus wird zum Zwang, und wie jeder Zwang, dem man nichts mehr entgegensetzt, regiert er irgendwann unser Leben und bestimmt, was wir tun und wohin wir gehen. Alles, was uns außer Gott beherrscht, wird zu unserem persönlichen Gefängnis.

Solche Zwänge nehmen ihren Anfang häufig in einem bestimmten Ereignis, doch das reicht aus, um schließlich eine Lawine der Angst loszutreten. Der Einzige, der diese Art von Angstzuständen besiegen kann, ist Gott, der jede einzelne Begebenheit Ihres Lebens in seiner Hand hält. Sie können gewiss sein, dass nichts und niemand Ihnen ohne die Zustimmung Ihres himmlischen Vaters etwas anhaben kann. Seine Liebe zu Ihnen ist es, die ihn dazu bewegt, Dinge, die Ihnen Angst machen, von Ihnen fernzuhalten. Und diese Liebe ist es auch, die diese Dinge manchmal an Sie heranlässt.

Wie auch immer er die Dinge lenkt: Sie sollen zu Ihrem Besten dienen, zu Ihrem ewigen Glück und Heil und zu seiner Ehre. Nehmen Sie diese Tatsache im Glauben an, und Sie werden feststellen, dass Sie keine Nebenstraßen mehr fahren müssen und dass es einen Weg aus Ihrem persönlichen Gefängnis gibt. Leben Sie in diesem Glauben Tag für Tag, und die Wahrheit wird Sie frei machen. Gottes Obhut und Fürsorge umschließen Sie in jedem Augenblick an jedem Tag.

Gott weiß es besser

»Gott – sein Weg ist untadelig; des HERRN Wort ist lauter;
ein Schild ist er allen, die sich bei ihm bergen.«
Psalm 18,31

Ich habe doch dafür gebetet«, beschwerte sich Lory, »und trotzdem geht der Kampf weiter. Ich habe immer Angst, dass alles schiefläuft – im Haushalt, mit den Finanzen, bei den Kindern – und ich habe das Gefühl, dass ich nichts daran ändern kann.«

Die Bibel sagt uns, dass wir keinen Grund haben, uns Sorgen zu machen. Warum zermürben sich trotzdem so viele Frauen vor Sorgen? Warum können wir den Sorgen, der Angst und den Panikzuständen nicht einfach Einhalt gebieten? Immerhin fühlt sich die Angst ja nicht einmal angenehm an. Die Gedanken und Empfindungen, die die Angst in uns auslösen, würden wir doch am liebsten aus unserem Kopf verbannen. Der Grund, weshalb das nicht funktioniert, ist der folgende: Die Angst ist nicht unser eigentliches Problem. Die Angst ist lediglich ein Symptom für etwas anderes – dafür, dass unsere Herzen in eine völlig falsche Richtung gelenkt sind.

Wenn wir Gott um Befreiung von unserer Angst bitten und sich keine Erleichterung einstellen will, liegt das nicht daran, dass Gott nicht antwortet. Wir erwarten seine Antwort schlichtweg aus der falschen

Richtung. Gott möchte uns nicht nur rein äußerlich von den Symptomen befreien. Er möchte an die Wurzel unserer Angst heran, die im Grunde mit der Beziehung zu ihm zu tun hat. Angst hat immer auch eine geistliche Komponente. Aus diesem Grund muss unser Bestreben stets über die schlichte Befreiung von Angstgefühlen hinausgehen. Wenn Gott zulässt, dass die schmerzvolle Erfahrung von Furcht unser Herz beschäftigt und wir daraus schließen, dass er Freude an unserem unglücklichen Zustand hat, dann irren wir uns. Genau das Gegenteil ist der Fall! Gott lässt uns manchmal solche Situationen durchleben, damit wir erkennen, dass wir uns auf trügerische und nicht tragfähige Sicherheiten verlassen.

Lory schafft es nicht, ihre Angst zu überwinden, denn weil sie sich verzweifelt auf das Funktionierenmüssen der alltäglichen Dinge konzentriert, fasst sie erst dann Vertrauen, wenn alles glattläuft – was natürlich äußerst selten der Fall ist. Kennen Sie solche Ängste? Wenn ja, dann bitten Sie Gott doch einfach, dass er Sie von der Ursache der Angst befreit und nicht nur von den Symptomen, den Angstgefühlen. Sie sollen erfahren, dass er der Fels ist – das einzige Fundament, das das Gewicht Ihrer Sorgen zu tragen vermag. Er möchte Ihnen helfen, Ihre Prioritätenliste der Dinge, für die Sie täglich Verantwortung tragen, zu überdenken und neu zu ordnen. Falsche Prioritäten sind verantwortlich für einen Großteil der Ängste, die Lory Tag für Tag umtreiben. Ihr größtes Bedürfnis, so denkt sie, ist ein müheloses Leben ohne Schwierigkeiten und Reibungspunkte. Ihr größtes

Bedürfnis ist jedoch wie bei vielen anderen die Erkenntnis, dass es im Leben Wichtigeres gibt als das Hier und Jetzt. Unser Leben ist eine Vorbereitung auf die Ewigkeit, in der es keinen Schmerz und keine Furcht mehr geben wird. Wir werden unsere Ängste nicht hinter uns lassen können, wenn unser Blick auf das Zeitliche und Vergängliche gerichtet bleibt. Natürlich ist Gott um unser Wohl besorgt, und er möchte, dass wir den Alltag mit Frieden im Herzen bewältigen. Doch es ist nicht in seinem Sinne, dass wir es zum Selbstzweck tun. Er möchte, dass wir ihn unsere Prioritäten neu ordnen lassen, damit er die Angst in unserem Herzen durch seinen Frieden ersetzen kann.

Die Güte Gottes

»Der HERR ist gut gegen alle,
sein Erbarmen ist über alle seine Werke.«
Psalm 145,9

Karas größter Wunsch ist es zu heiraten. Über zehn Jahre betet sie schon für einen Ehemann. Alle ihre Freundinnen sind bereits verheiratet, und aus ihrem alten Freundeskreis ist sie die Einzige, die noch Single ist. Natürlich ist sie sich der Segnungen Gottes in ihrem Leben durchaus bewusst: Sie hat einen sehr guten Job, einen großen Freundeskreis und eine tolle Gemeinde. Doch die Angst, dass ihre Chancen auf eine eigene Familie mit jedem Tag schwinden, ist dennoch präsent. Deshalb fällt es Kara schwer, die Vorzüge ihres Singledaseins zu genießen. Es will ihr nicht gelingen, den täglichen Aufgaben und anderen Menschen mit Freude im Herzen zu begegnen und Gott dadurch zu dienen. Doch der Grund für Karas Angst ist nicht etwa ihr Familienstand. Die Ursache ist in Wahrheit ihr Mangel an Gottvertrauen im Hinblick auf eben diesen Familienstand. Und der Grund, warum sie Gott unbewusst nicht vertraut, ist der tief in ihrem Herzen verwurzelte Unglaube, dass Gott es auch angesichts ihres Singledaseins wirklich gut mit ihr meint.

Wenn es darum geht, Gott im Hinblick auf unsere tiefsten Sehnsüchte zu vertrauen, geht es uns doch in

Wahrheit allen oft wie Kara – unabhängig davon, ob wir nun verheiratet sind oder nicht. Wir glauben nicht in letzter Konsequenz, dass Gott wirklich gut ist, und tun uns deshalb sehr schwer damit, ihm zu vertrauen. Verlassen Sie sich darauf, dass etwas anderes als Gott Ihnen Sicherheit und Glück verschafft, dann zweifeln Sie an Gottes Güte. In Situationen, in denen Gott anders handelt, als wir denken oder erwarten, treiben solche Zweifel starke Wurzeln in unseren Herzen.

Aber Gott handelt oft anders, als wir selbst denken, wie ein guter Gott handeln sollte. Das konkret erwartete Handeln erscheint uns in unserem eigenen Denken so logisch und folgerichtig, und trotzdem teilt Gott unser Denken nicht. Genau an dieser Stelle kommt der Glaube ins Spiel. Wahrer Glaube ist eben nicht die Überzeugung, dass Gott eine ganz bestimmte Sache tun wird. Wahrer Glaube ist die Überzeugung, dass Gott gut ist, unabhängig davon, was er tut und wie er unsere Gebete beantwortet. Gott hat immer das Beste für uns im Sinn, und er sorgt dafür, dass es geschieht, wenn auch auf ganz andere Weise, als wir es uns ursprünglich dachten.

Sie können ihm vertrauen, weil er gut ist. Und diese Güte findet sich hier und heute in allem wieder, auch in den Dingen des Alltags, die Ihnen Angst einflößen wollen. Werden Sie ihm vertrauen? Werden Sie ihm glauben, dass er es gut mit Ihnen meint? Denn er meint es gut.

Sicher und geborgen

»Alles, was mir der Vater gibt, wird zu mir kommen,
und wer zu mir kommt, den werde ich nicht hinausstoßen.«
Johannes 6,37

Stück für Stück gerät Joannes Leben aus den Fugen, aber sie schafft es einfach nicht, sich an Gott zu wenden. Zu oft hat sie es schon vermasselt. »Ich habe Gott versprochen, dass ich es nie wieder tun werde. Nie wieder wollte ich meinen Stress mit dieser sündigen Gewohnheit kompensieren. Doch ich habe mein Versprechen gebrochen«, vertraute sie sich eines Tages der Frau ihres Pastors an. »Mein Leben wurde einfach zu turbulent, und da bin ich wieder rückfällig geworden. Jetzt bin ich tiefer in die Sache hineingeraten als jemals zuvor. Was, wenn Gott mir dieses Mal nicht mehr vergibt?«

Joanne ist in Sünde verstrickt und hat Angst, dass Gott sie deswegen verwerfen könnte. Fürchten Sie, etwas tun zu können, das Gott dazu bewegen könnte, Sie zu verwerfen? Die Bibel spricht sehr wohl davon, dass wir Gott fürchten sollen, aber die Furcht, die hier gemeint ist und die Gott von uns erwartet, ist nicht das Erstarren in Furcht und Schrecken. Es ist die Art von Furcht, die uns ergreift, wenn wir die Niagarafälle oder einen majestätischen Sonnenuntergang betrachten –

ein ehrfurchtvolles Ergriffensein voller Bewunderung und Staunen. Diese Art von Furcht, begleitet von innerem Frieden und Freude, erwartet uns jedes Mal, wenn wir uns Gott in Jesus Christus nähern. Jesus ist es, der uns Zugang zu unserem himmlischen Vater verschafft, nicht unsere formvollendete Lebensführung.

Wenn Sie Bedenken haben, dass Gott Sie nicht mehr annehmen könnte, dann fliehen Sie zu Jesus und bestürmen Sie ihn mit dieser Sorge. Er ist Ihre Zuflucht. Er ist der Weg und der Zugang zu Gott – unabhängig davon, was Sie gestern getan haben und womit Sie sich heute herumplagen. Wenn Sie in Ihrem Herzen davon überzeugt sind, dass Jesus den vollen Preis für Ihre Sünden bezahlt hat – für die der Vergangenheit, der Gegenwart und der Zukunft –, dann haben Sie bereits Gemeinschaft mit einem liebenden Vater.

Haben Sie jedoch Ihr Herz noch nicht an Jesus ausgeliefert, und versuchen Sie daher noch, Gott aus eigener Kraft und mit eigenen Mitteln zu gefallen, dann haben Sie allen Grund, sich zu fürchten. Und zwar schlichtweg deshalb, weil Sie nur durch Hinwendung zu Jesus verhindern können, dass Gott Sie verwirft. Es gibt nichts, aber auch absolut nichts, was Sie tun können, um Gott zu gefallen und in seiner Gunst zu stehen, wenn Sie es ohne Christus versuchen. Aber er ist für Sie da, wenn Sie sich ihm zuwenden. Sie müssen niemals seine Ablehnung fürchten, wenn Sie sich ihm mit Ihrem zerbrochenen Herzen und in dem vollem Bewusstsein nähern, dass Sie einen Erlöser brauchen. Nur mit einer solchen Herzenseinstellung ist Jesus nahbar. Egal, was Sie auch getan haben mögen – ob nun vor langer Zeit oder vor ein paar Minuten –, Jesus wird Sie willkommen heißen.

Das Haus auf dem Felsen

»Jeder, der zu mir kommt und meine Worte hört und sie tut –
ich will euch zeigen, wem er gleich ist. Er ist einem Menschen
gleich, der ein Haus baute, grub und vertiefte und den Grund
auf den Felsen legte; als aber eine Flut kam, stieß der Strom
an jenes Haus und konnte es nicht erschüttern, weil es gut
gebaut war. Der aber gehört und nicht getan hat, ist einem
Menschen gleich, der ein Haus auf die Erde baute ohne
Grundmauer; der Strom stieß daran, und sogleich fiel es,
und der Sturz jenes Hauses war groß.«
Lukas 6,47–49

In diesem Gleichnis stellt uns Jesus zwei verschiedene
Menschentypen vor Augen. Der erste Typ ist ein uner-
schütterlicher, nicht leicht zu verängstigender Mensch,
weil er sein Haus auf einem Felsen errichtet hat. Seine
Behausung steht so fest da, dass er sich im Inneren sicher und geborgen fühlen kann, wenn die Stürme des
Lebens kommen. Jesus bringt diese Person mit einem
Menschen in Verbindung, der sein Wort hört und es
in die Praxis umsetzt. Die zweite Person in unserem
Gleichnis errichtet ein Haus ohne irgendein Fundament. Daher bricht es auch zusammen, als die Naturgewalten toben. Jesus vergleicht diesen Menschen mit einer Person, die seine Worte zwar hört, aber diese nicht
in ihrem Leben anwendet.

Welche dieser zwei Menschentypen in dem Gleichnis Jesu ist Ihnen ähnlicher? Ihr Stresspegel ist ein geeigneter Maßstab, um diese Frage zu beantworten. Leben Sie unter ständiger Anspannung und unter dem Zwang, Ihre Umgebung unter Kontrolle zu haben, so rührt das wahrscheinlich daher, dass Sie Ihren Alltag auf etwas anderem als auf Christus bauen. Selbst wenn wir unser Leben ihm anvertraut haben, stehen wir noch immer in der Gefahr, in dieses Muster zu verfallen. Solange wir leben, sind wir der Versuchung ausgesetzt, auf Sicherheiten wie Besitz oder Menschen zu vertrauen. Und wir bemerken es noch nicht einmal, weil unser Denkmuster nicht lautet: *Jesus* oder *mein Mann, Jesus* oder *mein Haus, Jesus* oder *mein Beruf.* Stattdessen funktionieren wir nach dem Schema: *Jesus* und *mein Mann, Jesus* und *mein Haus, Jesus* und *mein Beruf.*

Doch wir können nicht beide Wege gehen. Entweder verlassen wir uns nur auf Jesus oder eben auf einen Jesusersatz. Die Sicherheit, nach der wir uns sehnen, wird niemals in Jesus *und* etwas oder jemand anderem zu finden sein. Die Sicherheit liegt in ihm allein. Jeder Jesusersatz, der Kompromiss, wird früher oder später unter uns zusammenbrechen. Gott wird dafür sorgen. Er ist treu, und er wird sicherstellen, dass uns die falschen Sicherheiten, auf die wir vertrauen, nicht dauerhaft die Illusion vermitteln können, wir hätten auf festen Grund gebaut. Wenn Sie von Ängsten und Unsicherheit geschüttelt werden, könnte es sein, dass Gott gerade dabei ist, Ihnen die falschen Sicherheiten unter den Füßen wegzuziehen. Doch er tut es nicht, weil er Ihnen schaden möchte. Er tut es, um Ihnen zu zeigen, wo Sie echte Sicherheit finden können.

Sind Sie bereit, alles auf eine Karte zu setzen? Jesus *plus* etwas anderes verdoppelt niemals das Maß an Sicherheit. In Wahrheit raubt es Ihnen die Sicherheit. Die einzig wahre Sicherheit ist Jesus plus nichts weiter.

Falsche Sicherheit

»Erschreckt nicht und zittert nicht! Habe ich es dich nicht
schon längst hören lassen und es dir verkündet?
Und ihr seid meine Zeugen: Gibt es einen Gott außer mir?
Es gibt keinen Fels, ich kenne keinen.«
Jesaja 44,8

Das ist sicherlich nur Gerede«, beruhigt sich Caroline selbst. Doch es ist schwierig, die Sorgen zu zerstreuen, wenn die Informationen aus einer derart verlässlichen Quelle stammen. Seit Wochen kursieren Gerüchte über eine betriebsinterne Entlassungswelle, und wenn die wirklich stimmen, ist ihr Mann einer derjenigen, die es treffen wird. Caroline und ihr Mann waren Gott für die mehr als gute Versorgung immer dankbar. Aber angesichts einer möglicherweise bevorstehenden Entlassung überkommen Caroline schreckliche Sorgen. »Wir werden die Zins- und Tilgungsleistungen für unser Haus und das Schulgeld für die Kinder nicht mehr aufbringen können und wir werden unseren gesamten Lebensstandard umstellen müssen!« Eine schreckliche Existenzangst beginnt sich auf ihre Seele zu legen.

Diese Existenzangst, die Caroline angesichts des drohenden Arbeitsplatzverlusts ihres Mannes umtreibt, macht deutlich, dass sie sich mehr auf Gottes Versorgung verlässt als auf Gott selbst. Ist es bei uns ähnlich?

Allein indem wir der Tatsache zustimmen, dass Gott unser Fels ist, setzten wir diese Wahrheit nicht automatisch mit einem glaubenden Herzen in unserem Leben um. Der entscheidende Moment ist der, in dem unser Leben plötzlich aus den Fugen gerät, denn dann zeigt sich, ob wir es wirklich glauben oder nicht. Wenn unser Gehalt ausbleibt, unsere Gesundheit bröckelt oder ein geliebter Mensch uns im Stich lässt, wird sich zeigen, auf welchem Fundament wir gebaut haben. Ist es nicht Gott selbst, so wird es uns höchstwahrscheinlich wie Caroline ergehen, weil die Dinge, auf die wir uns verlassen, nicht mehr die erhoffte Sicherheit bieten.

Wer ist Ihr Fels? Nicht der Fels, den Sie als Ihr Fundament bekennen, sondern derjenige, auf den Sie sich tatsächlich stützen? Sie können sich die Frage verhältnismäßig leicht beantworten, indem Sie Folgendes herausfinden: Was hat solch eine Macht über Sie, dass es Ihnen Furcht einflößt? Und was kommt Ihnen in den Sinn, kurz bevor diese Furcht in Ihnen hochsteigt? Welche Umstände, die Ihnen elementare Ängste bereiten, erwarten Sie heute oder auch morgen? Auf wen oder was verlassen Sie sich, um den Tag dann zu meistern? »Das, was eine höhere Priorität in unserem Leben einnimmt als Gott, wird uns zum Gott werden. Und weil uns das Objekt unserer Anbetung prägt, wird unser Leben zutiefst von Niederlagen gezeichnet sein, wenn wir ein ungelöstes Problem zu unserem Gott machen.«[1]

Was auch immer es in Ihrem Leben sein mag – eine Sache oder eine Idee, eine Person oder ein Ort: Früher oder später wird dieses Fundament bröckeln. Jesus ist der einzige Fels, der niemals bricht, und diejenigen, die sich ganz und gar auf ihn verlassen, werden erfahren, dass Gott alles ist, was sie brauchen.

Die Liebe der anderen

»Ich, ich bin es, der euch tröstet. Wer bist du, dass du dich vor dem Menschen fürchtest, der hinstirbt, und vor dem Menschenkind, das wie Gras dahingegeben wird, und dass du den HERRN vergisst, der dich macht, der den Himmel ausspannt und die Grundmauern der Erde legt, und dass du dich beständig, den ganzen Tag, vor dem Zorn des Bedrängers fürchtest, wenn er zielt, um dich zu vernichten? Wo ist denn der Zorn des Bedrängers?«
Jesaja 51,12–13

Wir Frauen neigen dazu, unser Leben bis zu einem gewissen Grad um unsere Beziehungen herum zu drapieren. Wir möchten angenommen und geliebt sein und sind darauf aus, die Anerkennung der Menschen in unserem Umfeld zu ernten. Wenn dieses zunächst einmal natürliche Bedürfnis zur Vorbedingung für unser Wohlbefinden wird, sind Turbulenzen und Ängste vorprogrammiert. Die Erwartung, dass andere uns aufbauen, uns erfüllen und unsere Bedürfnisse stillen, wird mit Sicherheit enttäuscht. Weil alle Menschen Sünder sind, werden uns auch diejenigen, die uns am nächsten stehen, früher oder später im Stich lassen.

Sind Sie geneigt, Sicherheit in Ihren Beziehungen zu anderen Menschen zu suchen? Wenn Sie den Eindruck haben, dass Ihr Überleben von der Liebe und

Anerkennung Ihres Ehepartners, einer Freundin, einem anderen Mitglied der Familie, Ihrem Arbeitgeber oder Nachbarn abhängt, dann ist Ihr persönliches Sicherheitssystem defekt. Denken Sie einmal über Ihre Motive nach, wenn Sie anderen Gutes tun. Wenn Sie eine unterschwellig vorhandene Abhängigkeit von Komplimenten oder anerkennenden Worten in Ihrem Herzen erkennen, so können Sie davon ausgehen, dass Sie Ihr Wohlbefinden in fremde Hände gegeben haben.

Der grundsätzliche Wunsch, Liebe und Anerkennung von Menschen zu empfangen, die uns etwas bedeuten, ist ganz natürlich. Gleichwohl bekommt dieses an sich verständliche Grundbedürfnis destruktive Kräfte, sobald unser Lebensglück davon abhängt. Wir räumen Menschen einen Platz in unserem Leben ein, der allein Gott gebührt und schaffen es deshalb nicht, inneren Frieden zu finden und im Frieden mit anderen zu leben. Der Versuch, das eigene Sicherheitsbedürfnis in Beziehungen statt bei Gott zu stillen, holt die Angst gleich mit ins Boot, weil wir bei Menschen niemals das finden werden, wonach wir uns sehnen. Kennen Sie das von sich? Wenn ja, so ist das kein Grund, entmutigt zu sein. Sehen Sie es vielmehr als Chance. Die Erkenntnis, dass die Menschen in Ihrer Umgebung Ihre Sehnsüchte nicht stillen können, ist der erste Schritt, Ihren Blick auf Gott zu lenken. Bei ihm werden Sie finden, wonach Sie immer gesucht haben.

Menschenfurcht

»Menschenfurcht stellt eine Falle;
wer aber auf den HERRN vertraut, ist in Sicherheit.«
Sprüche 29,25

Die Beziehung, in der Melanie nun schon seit fünf Jahren lebt, ist eine Sackgasse. Ihre Freundinnen haben kein Verständnis mehr. Warum ist eine junge Frau wie Melanie immer noch mit einem Mann wie Jake befreundet? Jake hält es nie lange an einem Arbeitsplatz aus. Während der vergangenen zwei Jahre hat er schon drei Arbeitsstellen aufgegeben. Seine Gottesdienstbesuche sind nur sporadisch und oft stellt er Melanie in unangemessener Weise vor anderen Leuten bloß. »Aber ich liebe ihn wirklich«, wendet Melanie ein. »Ich möchte ihn heiraten, und wenn ich es schaffe, ihn in Bezug auf seinen Arbeitsplatz und seine Beziehung zu Gott zu motivieren, glaube ich auch, dass wir eine gute Ehe führen können. Er sagt mir immer, dass er ohne mich nicht leben kann, und er hat mich gebeten, meine Gemeindemitarbeit etwas zurückzuschrauben, um ihm noch mehr helfen zu können, seine Sachen auf die Reihe zu bekommen.« Melanies Freundinnen empfinden nur noch Mitleid mit ihr. Aber interessanterweise zieht auch Melanie ihren Gewinn aus dieser Verbindung – nämlich eine gewisse Art von Sicherheit. Solange es ihr gelingt, Jake von sich abhängig zu machen, desto geringer ist die Wahrscheinlichkeit, dass er sie einmal im Stich lassen wird.

Die Psychologie bezeichnet ein solches Phänomen als Koabhängigkeit. Die Bibel bezeichnet es als Götzendienst. Götzendienst in Beziehungen öffnet der Angst Tür und Tor. Gleichwohl tappen viele Frauen in diese Falle der Abhängigkeit und scheinen in ihr gefangen, selbst wenn sie sich vornehmen zu fliehen. Sie bleiben in solchen Beziehungen verhaftet, weil sie sich von den falschen Dingen zu befreien versuchen. Denn Jake ist nicht derjenige, den Melanie vergöttert; in Wahrheit vergöttert sie sich selbst. Wenn wir an unguten, zuweilen auch unbiblischen Beziehungsgeflechten festhalten, um für uns selbst daraus Gewinn zu ziehen – sei es etwas an sich Unverwerfliches wie Liebe, Sicherheit oder Anerkennung –, ist es im Grunde nichts anderes als Vergötterung unseres eigenen Ichs. Die Anbetung, die nach oben gerichtet sein sollte, kehrt sich nach innen – eine präzise Definition von Götzendienst. Eine solche Haltung garantiert uns ein Leben voller Stress und Belastungen.

Ein Prüfstein für das Vorhandensein von Menschenfurcht und Abhängigsein von Anerkennung ist unser Verhalten gegenüber anderen Menschen. Gehen wir mit einem Gefühl der Beklommenheit aus Begegnungen heraus, überdenken wir noch einmal fieberhaft das, was wir gesagt haben, bereuen es hier und da und wünschen uns, wir hätten unsere Worte anders formuliert? Wenn ja, dann ist entscheidend, ob unsere Sorge die ist, dass unsere Worte Gott Unehre bereitet oder die Gefühle anderer verletzt haben könnten, oder ob es uns nur darum geht, welches Licht sie auf uns selbst geworfen haben. Sind wir besorgt, dass unsere Worte anderen Schmerz zugefügt haben könnten, oder haben wir Angst, dass wir möglicherweise etwas gesagt oder getan haben, das nicht die Anerkennung anderer findet? Wenn unser Seelenfrieden davon abhängt, dass wir immer das »Richtige« sagen oder tun, um es den Menschen um uns herum recht zu machen, wird die Angst unser ständiger Begleiter sein.

Das Heilmittel für unsere Menschenfurcht lautet: Mehr Liebe zu den Menschen, weniger Abhängigkeit von ihnen. Beginnen wir, uns in eine gottzentrierte Richtung zu bewegen, so mag dies das Ende der einen oder anderen unbiblischen Beziehung bedeuten. Doch unser Leben wird von einem Frieden und einer Freiheit durchzogen sein, die wir anders niemals erleben würden.

Das Ruhekissen der Selbstgerechtigkeit

»Darum: Aus Gesetzeswerken
wird kein Fleisch vor ihm gerechtfertigt werden;
denn durch Gesetz kommt Erkenntnis der Sünde.«
Römer 3,20

Gott ist kein unerbittlicher Tyrann. Und doch haben wir manchmal ein solches Bild von ihm: Schwer zufriedenzustellen legt er seinen Finger voller Ungeduld in die Wunden unserer Unvollkommenheit und ist erst dann bereit, Segen zu schenken, wenn wir ein gewisses geistliches Niveau erreicht haben. Nirgendwo in der Schrift finden wir ein solches Gottesbild bestätigt. Und doch schleicht sich diese Vorstellung von Gott in unsere Köpfe ein, wenn wir versuchen, ihn durch unser Handeln und unser Reden gnädig zu stimmen. Es ist verständlich, dass wir Gottes Anerkennung erlangen wollen, aber wir werden sie nie durch uns selbst gewinnen können. Streben wir nach dem Segen der Erlösung allein durch eigene Anstrengung, werden wir in eine unerbittliche Tretmühle geraten. Unser Leben wird sich unter einer erstickenden Wolke der Angst abspielen, denn was immer wir tun – wir selbst können uns vor Gott nicht gerecht machen. Nur Christus kann das.

Vielleicht haben Sie Jesus bereits als Ihren Erlöser kennengelernt, sind sich aber dennoch unsicher, ob Gott Sie wirklich annimmt. Was immer Sie auch tun – das Bild des freundlichen, liebenden Vaters, der eine Beziehung zu Ihnen sucht, bleibt Ihnen fremd. Was haben Sie bisher dagegen unternommen? Möglicherweise haben Sie Ihre Anstrengungen, ihm zu gefallen, verdoppelt – noch mehr Dienste, noch korrektere Einstellungen – aus dem Wunsch heraus, sich die göttliche Gunst zu sichern, die Ihnen zu fehlen scheint. Wenn Sie auf diese Weise versuchen, göttliches Wohlgefallen zu erreichen, spricht vieles dafür, dass Sie, anstelle die Freude und die Liebe zu erleben, nach denen Sie sich sehnen, das Gefühl haben, dass Gott weiter entfernt ist als jemals zuvor.

Es gibt nur einen Weg, der aus der Sackgasse herausführt: Stellen Sie Ihre eigenen Bemühungen ein. Das mag zwar zunächst kontraproduktiv erscheinen, ist jedoch die einzige Möglichkeit, zu einer festen Gewissheit zu gelangen, dass Gott Sie annimmt. Wenn Sie aufhören, Gott durch Ihr eigenes Handeln zufriedenstellen zu wollen, und sich einfach nur auf Jesus verlassen, werden Sie erfahren, dass Gott sich nicht von Ihnen abwendet. Sie werden erstaunt feststellen, dass Ihre eigene Anstrengung, alles richtig zu machen, nichts anderes als eine Methode war, Gott von sich selbst fernzuhalten. Ihm nahe zu kommen, ihn als Vater und Freund kennenzulernen, setzt voraus, sich selbst zu verleugnen und sich ganz auf Christus zu verlassen. *»Naht euch Gott! Und er wird sich euch nahen«*, schrieb der Apostel Jakobus

(Jakobus 4,8), und die einzige Möglichkeit, das zu tun, liegt darin, auf Christus zu blicken.

Wir glauben in unseren Herzen und bekennen mit unseren Lippen, dass Jesus der einzige Weg ist – wir *glauben* es, aber wir *leben* oftmals nicht danach. Wenn wir Christus bekennen und ihm Loblieder singen, aber den tiefen Frieden, den er schenkt, nicht erleben, sollten wir uns selbst überprüfen, ob wir uns zurück in die Tretmühle der eigenen Anstrengung geschlichen haben, und uns entschließen, sie kurzerhand zu verlassen. Als Gott uns mit Christus verband, hat er uns von der Knechtschaft befreit. Die Freiheit, die er uns dadurch geschenkt hat, müssen wir nur in Anspruch nehmen.

Es gibt kein »Wenn«

»Denn alle haben gesündigt und erlangen nicht die
Herrlichkeit Gottes und werden umsonst gerechtfertigt durch
seine Gnade, durch die Erlösung, die in Christus Jesus ist.«
Römer 3,23–24

W o liegt das Fundament der Sicherheit, die Gott uns
vermittelt? Woher nehmen wir die Gewissheit, dass er
unsere Gebete hört, unsere Sünden vergibt und sich Tag
für Tag um uns kümmert? Solche Fragen werden stets
von Gefühlen ängstlicher Sorge begleitet:

»Vor vielen Jahren habe ich einen schweren Fehler began-
gen, indem ich einen ungläubigen Mann geheiratet habe.
Wie kann ich also allen Ernstes erwarten, dass Gott mir
jetzt hilft? Ich habe mir das Problem selbst eingebrockt
und muss es jetzt auch selbst wieder auslöffeln.«

»Ich bin begeistert von dem Projekt, an dem ich gerade ar-
beite, doch mein Chef bezweifelt, dass ich es schaffe, den
Abgabetermin einzuhalten. Ich weiß, dass Gott da ist und
dass er mir helfen kann, doch heute Morgen habe ich keine
Stille Zeit gehalten und habe mich so um seine Unterstüt-
zung gebracht. Jetzt muss ich mich wohl alleine durchbei-
ßen.«

»Ich schaffe es einfach nicht, meine Essattacken in den Griff zu bekommen. Zwar läuft es oft ganz gut, aber dann habe ich mal wieder einen schlechten Tag, und all meine Selbstdisziplin ist dahin. Ich bin mir sicher, dass Gott meine Gebete nicht erhören wird, solange ich mein Essverhalten nicht endlich in den Griff bekomme.«

Durch solch ein Denkmuster in Bezug auf unser Fehlverhalten entwickelt sich Angst: Gott wird seinen Teil erst dann beitragen, wenn wir unseren geleistet haben. Die Wirklichkeit sieht jedoch anders aus: Es gibt kein »Wenn«. Gott ist bereits in Vorleistung getreten, indem er uns seinen Sohn gesandt hat. Dadurch hat er ein für alle Mal unsere ewige Sicherheit und unsere Aufnahme in seine Familie besiegelt. Gott hat eine tiefe Abneigung gegen unsere Versuche, uns seine Gunst zu verdienen, und das nicht nur deshalb, weil wir dadurch die Vollendung und Wirksamkeit des Werkes Jesu infrage stellen, sondern weil uns ein solches Verhalten daran hindert, die Gemeinschaft mit ihm ungetrübt zu genießen.

Besteht unser Glaubensleben lediglich aus dem Bemühen, Gott durch unser Handeln zu gefallen, so führt das entweder zu geistlicher Müdigkeit oder zu einer ständigen Angst, seinen Ansprüchen nicht zu genügen. Denn nichts von dem, was wir tun, reicht auch nur annähernd an Gottes Maßstab heran. Aus diesem Grund hat Christus nicht nur sein Leben für uns gelassen – er hat für uns auch ein makelloses Leben geführt. Wissen Sie, was das bedeutet? Das bedeutet, dass Gott immer dann auf Jesus schaut, der seine Maßstäbe vollkommen erfüllt hat, wenn wir wieder einmal versagen, weil wir an diese Maßstäbe eben nicht heranreichen. Und es bedeutet auch, dass er uns Jesu Erfüllung der göttlichen Maßstäbe vollumfänglich zurechnet. Gott vollzieht einen Tausch: Unsere falschen Entscheidungen ersetzt er durch die guten Entscheidungen, die Jesus während seiner Zeit hier auf der Erde getroffen hat. Unsere halbherzigen Zeiten der Stille tauscht er gegen die innige Beziehung, die Jesus während seines Menschseins mit dem Vater lebte. Und der erfolgreiche Widerstand Jesu gegen jedwede Versuchung bedeckt unser Versagen, wenn unser Widerstand in sich zusammenbricht. Es gibt kein »Wenn«. Denn Jesus hat alles schon vollbracht.

Selbsterlösung?

»Siehe, die verdiente Strafe für den, der nicht aufrichtig ist!
Der Gerechte aber wird durch seinen Glauben leben.«
Habakuk 2,4

Lynn beklagt sich bei ihrer Freundin: »Ich bin jetzt schon seit zwei Monaten arbeitslos. Ich weiß wirklich nicht, warum Gott so lange wartet, bis er mir wieder eine Arbeitsstelle schenkt. Was soll ich denn noch alles tun? Ich habe mich von jeder denkbaren Sünde ferngehalten, aber vielleicht gibt es ja noch versteckte Sünden, die mir gar nicht bewusst sind. Vielleicht möchte Gott, dass ich ihnen auf die Spur komme, bevor er mich wieder mit Arbeit versorgt. Ich wünschte, ich wüsste, was genau er von mir will.«

Kennen Sie diese Denkweise auch von sich? Vielleicht läuft Ihr Leben auch gerade nicht so, wie Sie es sich erhofften, und der Gedanke, dass Sie vielleicht etwas falsch machen oder dass Gott mehr von Ihnen möchte als das, was Sie tun und geben, quält Sie. Sie sind davon überzeugt, dass Ihr Leben wieder so laufen würde, wie Sie es sich wünschen, wenn Sie nur herausfinden könnten, welche zusätzlichen Erwartungen Gott an Sie stellt. Dabei sagt uns die Bibel ganz klar, was Gott von uns möchte. Gottes Erwartungen lassen sich auf eine ganz grundlegende Formel reduzieren: Wir sollen uns auf das verlassen und stützen, was Christus an unserer Statt vollbracht hat.

Doch obwohl die Bibel diese Tatsache immer wieder betont, fühlen wir uns genötigt, uns Gottes Anerkennung durch gute Taten und „goldene" Worte zu verdienen. Was uns letztlich dazu treibt, diese schlichte Wahrheit der Schrift immer und immer wieder zu ignorieren, ist das unbändige Verlangen, unser Leben selbst zu bestimmen und zu kontrollieren. Haben wir beispielsweise konkrete Wünsche oder Bedürfnisse, die wir gerne erfüllt hätten, so sind wir häufig der Meinung, dass Gott vielleicht auch auf den Zug unserer Pläne aufspringt, wenn wir zusätzliche Leistungen zum Verhandlungstisch mitbringen. Sind das die Kategorien, in denen wir denken? Dann sollten wir die Möglichkeit in Betracht ziehen, dass unser Herz das Verlangen in sich trägt, Gott zu beherrschen. Einer der Indikatoren für ein solche Einstellung ist die Angst. Immer, wenn wir versuchen, etwas an sich Unmögliches zu bewerkstelligen – und Gott zu beherrschen *ist* unmöglich –, wird uns zwangsläufig die Angst beschleichen.

Gott kennt unsere Lebenssituation wie seine Westentasche. Er hat die Kontrolle über unsere berufliche Situation, über unseren Familienstand, unsere Finanzen, unsere Freundschaften und über unsere Gesundheit. Und seine Regieführung folgt den Regeln der Güte und der Liebe. Und weil wir diesem Gott gehören und für ihn leben, können wir ihm die Kontrolle über unsere Geschicke getrost überlassen. Er wird niemals zu spät kommen. Gott möchte nicht, dass wir unsere Energie damit verschwenden, uns selbst zu optimieren. Er möchte unser Vertrauen in Bezug auf die eine Wahrheit: In Christus lässt Gott seine Güte gegenüber uns walten.

Es sind nur Gefühle

»Einige aber von ihnen sagten:
Konnte dieser, der die Augen des Blinden öffnete,
nicht machen, dass auch dieser nicht gestorben wäre?«
Johannes 11,37

Aber es kann nicht Gottes Wille sein, dass du unglücklich bist«, ereiferte sich Christine, als Amy ihr anver-
traute, wie deprimiert sie die letzten Wochen gewesen
war. »Was hältst du davon, wenn du dir bei irgendje-
mandem etwas Geld leihst, um eine schöne Reise zu
machen? Gott ist sicherlich damit einverstanden, wenn
du alle Hebel in Bewegung setzt, damit du dich wieder
besser fühlst!«

Christine meinte es sicher gut, und es ist auch ein
Fünkchen Wahrheit in ihren Worten: Gott hat keinen
Gefallen an unserem Leid. *»Denn nicht von Herzen demütigt und betrübt er die Menschenkinder«* (Klagelieder 3,33).
Aber Christine hat die Wahrheit verdreht. Gott lässt
Leid sehr wohl zu. Manchmal führt er uns sogar direkt
und mitten in eine leidvolle Situation hinein, selbst
wenn es ihn schmerzt, so handeln zu müssen. Jesus hätte Maria und Martha die Verzweifelung und die Trauer
über den Tod des Lazarus durchaus ersparen können,
doch er tat es nicht, obwohl er angesichts des Kummers der Schwestern über den Tod ihres Bruders sogar

mitweinen musste. Oberflächlich betrachtet scheint das keinen Sinn zu ergeben. Warum hat Jesus ihnen das Leid dann überhaupt erst zugemutet? Er hat sie deshalb nicht verschont, weil er wusste, dass dieses Leid die Vorstufe einer ganz besonderen Segnung war. Und diese Segnung wäre den Schwestern eben nicht widerfahren, wenn er schon früher eingegriffen hätte. Lesen Sie einmal die ganze Geschichte, und achten Sie darauf, von welcher Segnung in Johannes 11 die Rede ist.

Maria und Marta fragten: »Warum, Herr, musste das passieren, wo du es doch hättest verhindern können?« Jesus antwortete den Schwestern das, was er auch uns heute antwortet: »Habe ich euch nicht gesagt, dass ihr die Herrlichkeit Gottes sehen werdet, wenn ihr nur glaubt?«

Leider denken wir nur selten in diesen Kategorien. Uns geht es weniger um die langfristig bessere Alternative und um die Ehre Gottes als vielmehr um unser momentanes Wohlbefinden. Sind wir länger als zwei Tage niedergeschlagen, machen wir innerlich Inventur, um herauszufinden, was wir ändern müssen, um unsere Gefühlslage wieder ins Lot zu bringen. Manchmal sind Gefühle sicherlich auch ein Fingerzeig, dass sich etwas ändern muss, doch wenn diese Veränderung nur mithilfe ungeistlicher und fragwürdiger Mittel zu bewerkstelligen ist, spricht alles dafür, die Dinge so zu belassen, wie sie sind.

Wenn wir schwere Zeiten durchmachen, dürfen wir uns nicht von unseren negativen Gefühlen beherrschen lassen. Wir sollten uns an die Wahrheit Gottes klammern, dass er durch alles Schwere etwas Gutes in unserem Leben bewirken möchte. Nur dann werden wir die Furcht vor unseren eigenen Gefühlen verlieren. Gott möchte, dass wir den Frieden erleben, der all die Herzen erfüllt, die sich auf Gott und auf seine Absichten verlassen anstatt auf die eigenen Gefühle. Ein auf Christus ausgerichtetes Leben ist ein stabiles Leben. Denn die Freude, die damit einhergeht, ist unabhängig von den Umständen, ganz im Gegensatz zu unserer Gefühlswelt mit ihren täglichen Schwankungen.

Die Angst vor Leid

»Nicht allein aber das, sondern wir rühmen uns auch in den Bedrängnissen, da wir wissen, dass die Bedrängnis Ausharren bewirkt, das Ausharren aber Bewährung, die Bewährung aber Hoffnung; die Hoffnung aber lässt nicht zuschanden werden, denn die Liebe Gottes ist ausgegossen in unsere Herzen durch den Heiligen Geist, der uns gegeben worden ist.«
Römer 5,3–5

Ist es nicht so, dass wir uns weniger darüber Sorgen machen, was in unserem Leben passiert, als vielmehr darüber, was passieren *könnte*? Allein bei dem Gedanken an eine mögliche Krankheit, an einen potenziellen Verlust oder finanziellen Einbruch lassen wir ungemein viele Nerven. Doch wovor genau haben wir in Wirklichkeit Angst? Wir könnten die Liste unserer Ängste einmal Punkt für Punkt durchgehen und uns fragen: »Was könnte mir schlimmstenfalls passieren, wenn diese oder jene Situation wirklich eintreten würde?« Durch solch eine Eigenbefragung kommen wir dem Grund für unser Sorgen ganz schnell auf die Spur: »Ich werde zahlungsunfähig sein«, oder: »Ich werde vereinsamen«, oder: »Ich werde körperliche Schmerzen erdulden müssen.« Wenn wir den Grund für unsere Angst herausgefunden haben, können wir uns die gleiche Frage noch einmal stellen:

»Was könnte mir schlimmstenfalls passieren, wenn ich zahlungsunfähig werde oder vereinsame oder körperliche Schmerzen erdulden muss?« Und dann gelangen wir zu dem Herzstück unserer Angst: »Ich werde leiden.«

Natürlich will keiner von uns leiden, doch früher oder später wird es einmal jeden von uns treffen. Wir sollten dieser Tatsache lieber ins Auge sehen. Doch wir müssen uns vor dem Leid nicht fürchten, weil Gott mit unserem Schmerz eine gute Absicht verfolgt. Und wir wissen auch, dass er jede einzelne Prüfung in ihre Schranken weist. Er mutet uns nur das zu, was absolut notwendig ist, um uns einen Vorgeschmack zu geben und uns für das Leben vorzubereiten, das er für uns bereit hat. Doch die Tatsache, dass die Angst vor Leid unsere Herzen lähmt, macht deutlich, wie wenig wir uns in Wahrheit nach dem Leben sehnen, das Gott für uns geplant hat und das eben auch das Leiden mit einschließt.

In unserer Gesellschaft ist eine entschiedene Abneigung gegen Schmerz und Leid gängig und normal. Unsere Kultur feiert das Glück und die Rechte des Einzelnen als höchstes Gut, und dementsprechend erklären wir alles, was uns unglücklich macht, sofort zum Feind. Automatisch passen wir uns dem gesellschaftlichen Denken an und verwechseln demokratische Prinzipien – Leben, Freiheit und persönliches Glück – mit den Werten der Bibel, die uns unmissverständlich lehrt, dass Leiden nicht als Feind, sondern als unerkannter Freund daherkommt.

Weil Gott uns liebt, schickt er uns diesen Freund vorbei, wann immer es nötig ist. Aber wir müssen nicht in ständiger Angst leben. Alles Leiden, das uns widerfahren mag, steht unter der Herrschaft unseres liebenden Gottes. »*Daher sollen auch die, welche nach dem Willen Gottes leiden, einem treuen Schöpfer ihre Seelen anbefehlen im Gutestun*« (1. Petrus 4,19). Der Gott, der uns liebt, weist das Leid, das uns widerfährt, souverän in seine von ihm verordneten Schranken und mutet uns nur so viel zu, wie nötig ist, um uns für ein Leben in seiner Herrlichkeit zu formen – sowohl für das Jetzt und Hier als auch für die Ewigkeit. Wenn wir uns dazu entschließen, diese Absicht Gottes hinsichtlich unseres Leidens zu verstehen und anzunehmen, werden wir die dunklen Tage nicht mehr fürchten.

Unsere Gefühle
und die Angst

»Wer bekennt, dass Jesus der Sohn Gottes ist,
in dem bleibt Gott und er in Gott.«
1. Johannes 4,15

Angst und ein gefühlsorientierter Lebensstil gehen Hand in Hand. Das rührt daher, dass Gefühle so wenig vorhersehbar und kontrollierbar sind wie der Wind. So wie der Wind nur im Zusammenhang mit den Naturgewalten auftritt, die ihn entweder in eine sanfte Brise oder aber in einen zerstörerischen Orkan verwandeln, existieren auch unsere Gefühle als bloße Reaktionen – mal als positive, mal als negative – auf die Höhen und Tiefen, durch die Gott uns hindurchgehen lässt. Wenn wir dieser instabilen und nicht vorhersehbaren Welt der Gefühle die Macht über unser Wohlergehen einräumen, anstatt unsere Gefühle von unserem Sein in Christus bestimmen zu lassen, dann holen wir uns die Angst als ständigen Begleiter mit ins Boot.

Diese Wahrheit hat besondere Relevanz in unserer Beziehung zu Gott. Freude und Frieden sind Merkmale eines Lebens mit Christus. Trotzdem gibt es immer wieder Zeiten, in denen uns die Freude und der innere Friede abhanden gekommen sind – ob nun durch Sünde, durch widrige Lebensumstände oder schlichtweg deshalb, weil wir Menschen sind. Aber das Vorhandensein beziehungsweise Nichtvorhandensein positiver Gefühle ist niemals der Maßstab für Gottes Güte und Wohlgefallen an uns. Christus ist der einzige Maßstab. Wenn wir an unseren Gefühlen ablesen wollen, wie es gerade um unsere Beziehung zu Gott steht und ob er gerade mit uns zufrieden ist, wird unser Glaube in Zeiten gefühlsmäßiger Dürre ebenfalls am Boden liegen.

Wie wunderbar befreiend ist es, wenn wir unsere Gefühle durch Glauben ersetzen – und dazu sind wir in der Lage, weil dies der Wille Gottes ist. Unsere Beziehung zu Gott und all das Gute, das mit ihr einhergeht, stehen fest und unerschütterlich in Christus – egal, wie wir uns fühlen. Christus ist alles, was wir brauchen, um eine genaue Lagebestimmung in unserer Beziehung zu unserem himmlischen Vater vorzunehmen. Durch ihn haben wir die Erlösung. In Zeiten, in denen wir Gottes Gegenwart nicht spüren können, in denen uns die Freude fehlt, die ein Leben mit Christus kennzeichnen sollte, können wir uns an sein Versprechen klammern: »*Ich will dich nicht aufgeben und dich nicht verlassen*« (Hebräer 13,5).

Hellwach

»Vergebens ist es für euch, dass ihr früh aufsteht,
euch spät niedersetzt, das Brot der Mühsal esst.
So viel gibt er seinem Geliebten im Schlaf.«
Psalm 127,2

Viele kennen das: Man wird nachts plötzlich wach und merkt, wie einen die Sorgen überrollen, und man findet nicht wieder in den Schlaf, weil man sich den Kopf über den vergangenen oder den bevorstehenden Tag zerbricht. Wir grübeln hin und her und schaukeln einzelne Situationen in unseren Gedanken regelrecht hoch, merken aber erst am Morgen, wie sehr die Pferde wieder mit uns durchgegangen sind. Nachts haben die Sorgen die Angewohnheit, sich zu Drohkulissen aufzutürmen.

Wenn Sie zu den Menschen gehören, die vorzugsweise zwischen Mitternacht und Morgengrauen von Sorgen geplagt werden – könnte es daran liegen, dass Sie nachts am wenigsten Einfluss auf Ihr Leben haben und Sie sich deshalb den Kopf zermartern? Möglicherweise erscheinen Probleme deshalb morgens nicht mehr so übermächtig, weil einen die Illusion beruhigt, man könne aus dem Bett springen und das Regiment über den Tagesverlauf übernehmen. Elisabeth Elliot schrieb: »Manchmal ertappe ich mich dabei, dass ich eine bestimmte Situation in Gedanken wieder und wieder durchspiele, noch lange bevor mein Wecker klingelt. Prinzipiell ist das ein schlechter Zeitpunkt, um sich dem Nachdenken hinzugeben – zum einen, weil wir besser schlafen sollten, und zum anderen, weil wir um diese Zeit sowieso nichts ändern oder bewirken könnten.«[2]

Die Frage, ob wir nachts problemlos durchschlafen oder nicht, hat oftmals einen geistlichen Hintergrund. Wenn es die Sorgen sind, die uns wachhalten, kann man ganz sicher davon ausgehen, denn Gott hat uns geboten, uns nicht zu sorgen. Wieder und wieder laufen Gespräche und Situationen des vergangenen Tages wie Filme in unserem Kopf ab, und wir grübeln fieberhaft, was wir anders hätten tun oder sagen sollen, anstatt die Angelegenheit einfach in Gottes Hand zu legen. Wenn nachts die Angst nach uns greift, werden wir leichter wieder in den Schlaf finden, wenn wir ganz schlicht beten: »Herr, ich glaube, ich habe da eine Menge falsch gemacht. Deshalb lege ich die Situation jetzt ganz in deine Hände und bitte dich, dass du daraus etwas nach deinem Willen machst.« Meistens enthalten unsere nächtlichen Gebete nämlich nur den ersten Satz. Aber der Schlaf wird erst kommen, wenn wir ehrlichen Herzens auch den zweiten Satz vor Gott bringen.

Die totale Kontrolle

»Und der HERR suchte Sara heim, wie er gesagt hatte,
und der HERR tat an Sara, wie er geredet hatte.«
1. Mose 21,1

Sarah und Abraham hatten lange auf ein Baby gewartet. Denn Gott hatte ihnen zugesagt, dass sie ein Kind bekommen würden. Doch das lag bereits Jahrzehnte zurück und die angekündigte Schwangerschaft hatte sich immer noch nicht eingestellt. Hatten sie Gott etwa missverstanden? Vielleicht hatten sie ja zu viel in sein Versprechen hineingelegt. Also sah das Ehepaar der harten Realität ins Auge und nahm die Angelegenheit selbst in die Hand. Sarah sorgte dafür, dass Abraham von Sarahs Magd Hagar ein Kind geboren wurde – ein Sohn, den Sarah von Rechts wegen als ihren eigenen Sohn bezeichnen durfte. Auch wenn eine solche Form von Leihmutterschaft im damaligen Israel durchaus üblich war, hatte Gott sehr deutlich gemacht, dass der verheißene Nachkomme direkt aus der ehelichen Beziehung der beiden hervorgehen würde. Aus diesem Grund brachte der von ihnen gewählte Weg mehr Probleme als Lösungen. Unfrieden und gespannte Verhältnisse prägten fortan das Miteinander im Hause Abrahams (1. Mose 15–16 und 21).

Wie oft machen wir uns Abrahams und Sarahs Denkweise zu Eigen, wenn Gottes Verheißungen auf sich warten lassen? Manchmal verlieren wir den Glauben daran, dass Gott zu seinen Versprechen steht; manchmal wiederum drehen wir etwas an Gottes Aussagen und passen sie nachträglich unseren Wünschen und unserem Zeitplan an. Wenn wir nicht mehr glauben, dass Gott handeln und uns deutlich machen kann, was wir tun sollen, werden wir zwangsläufig zu eigenen und nahe liegenden Lösungen greifen. Im Endeffekt hassen wir es einfach, warten zu müssen. Wir sehnen uns nach einem Leben, in dem wir alles unter Kontrolle haben. Wenn wir diesem Wunsch aber nachgeben, sind wir versucht, Gott unsere Lebensumstände aus den Händen zu reißen, sobald er Dinge anders lenkt, als wir sie uns vorstellen.

Wenn wir versuchen, schwierigen Situationen, die Gott in unserem Leben geschehen lässt, mit eigener Weisheit und nach eigenen Vorstellungen zu begegnen, wird die Angst in unserem Herzen immer mehr um sich greifen. So war es auch bei Abraham und Sarah. Doch obwohl sie ungehorsam gewesen waren und das Ruder ihres Geschickes selbst in die Hand genommen hatten, erinnerte Gott sie an seine Verheißung. Er stand zu seinem Wort, obwohl sie die Segnung jenseits seines göttlichen Versprechens gesucht hatten. Aber Abraham und Sarah, die nun wohl oder übel mit den Unheil bringenden Folgen ihrer selbst gewählten Problemlösung leben mussten – Ismael nämlich –, wollten sich immer noch nicht so recht auf die Segnungen einlassen, die Gott für sie bereit hatte. Aus diesem Grund bettelte Abraham: »Möchte doch Ismael vor dir leben!«, als Gott ihn an den Sohn der Verheißung erinnerte (1. Mose 17,18).

Auch unser Augenmerk wird von Gottes Verheißungen abgezogen, wenn wir uns unseren Weg eigenmächtig und mit Hilfe selbst gewählter Lösungsstrategien bahnen. Genau wie Abraham werden wir um den Trostpreis betteln, obwohl die Erfüllung der vollkommenen Verheißung Gottes auf uns wartet. Vielleicht ist Ihnen bewusst geworden, dass Sie genau nach diesem Muster leben, und auch Sie kämpfen gerade mit den Folgen einer unweisen Entscheidung. Doch ebensowenig wie Gott sein Versprechen gegenüber Abraham widerrufen hat, so wird er auch sein Versprechen Ihnen gegenüber zurückziehen. Sie brauchen keineswegs Angst zu haben, dass der Zug abgefahren ist. Kehren Sie um zu Gott, und warten Sie ganz neu auf sein Eingreifen. Er steht zu seinen Verheißungen. J. I. Packer schreibt:

Wenn man sich mit seinem Fahrzeug in einem Sumpf wiederfindet, sollte einem klar werden, dass man von der Straße abgekommen ist. Allerdings wäre diese Erkenntnis kein hinreichender Trost, wenn sie sich nur darin äußerte, dass ich meinen Wagen versinken sehe und nichts dagegen tun kann. Der Schaden wäre komplett. Ist die Lage aber dieselbe, wenn ein Christ durch die Tatsache aufgerüttelt wird, dass er Gottes Führung missverstanden und den Falschen Weg genommen hat? Gott sei Dank: Nein! Unser Gott ist ein Gott, der nicht nur unserer Fehler wiedergutmacht, sondern sie sogar in seinen Plänen berücksichtigt und zum Guten wendet. Auch das gehört zum Wunder seiner göttlichen Gnade. »Ich will euch die Jahre erstatten, deren Ertrag die Heuschrecken ... gefressen haben ... Ihr sollt genug zu essen haben und den Namen des HERRN, eures Gottes, preisen, der Wunder unter euch getan hat« (Joel 2,25 f.).[3]

Unruhige Geister

»Sei still dem HERRN und harre auf ihn! Entrüste dich nicht
über den, dessen Weg gelingt, über den Mann, der böse Pläne
ausführt! Lass ab vom Zorn und lass den Grimm!
Entrüste dich nicht! Es führt nur zum Bösen.«
Psalm 37,7–8

Ich denke, du solltest diese Sache nicht weiter voran-
treiben, Diane«, riet ihre Mutter. »Der Preis für diese Ei-
gentumswohnung sprengt einfach dein Budget, und du
wirst dich in den finanziellen Ruin stürzen, wenn du sie
kaufst!«

»Es ist aber ganz bestimmt die Wohnung, die Gott
mir geben will, Mama! Ich habe bereits monatelang dafür gebetet, und diese hier ist von denen, die ich bisher
gesehen habe, die einzige, die mir gefällt.«

»Aber gibt uns die Bibel nicht sehr klare Anweisungen hinsichtlich des weisen Umgangs mit unserem Geld? Außerdem ist die Entfernung zu deiner Arbeitsstelle und zur Gemeinde viel zu groß. Du wirst
sicherlich vereinsamen, wenn du so weit außerhalb
wohnst.«

»Ach, Gott wird auch dafür sorgen, dass das nicht
passiert. Ich muss diese Wohnung jetzt einfach kaufen,
damit ich diese einmalige Chance nicht verpasse.«

Wie gehen Sie mit Lebensphasen um, in denen Gott Sie warten lässt? Viele forschen fieberhaft nach, was sie tun können, um die unerträgliche Spannung zu lösen. Sie greifen nach jedem Strohhalm, der ihnen die Kontrolle über die jeweilige Situation verspricht. Schnelle und patente Problemlösungen sind manchmal ja durchaus angebracht, aber wenn alle Bemühungen einen nur noch tiefer in die Probleme oder in die Not hineinmanövrieren, sollte man die Möglichkeit in Betracht ziehen, dass man sich verselbstständigt und die Situation ohne Gott zu lösen versucht hat. Stehen unsere Maßnahmen im Widerspruch zu biblischen Prinzipien, dann gibt es gar keinen Zweifel daran, dass wir auf dem falschen Weg sind. Könnte es vielleicht sein, dass hinter unseren Bemühungen um schnelle Lösungswege lediglich unsere mangelnde Bereitschaft steckt, auf Gott zu warten und uns seinem Zeitplan unterzuordnen? Manchmal spielt uns das Leben in der Tat schwer mit, und wir oder ein geliebter Mensch muss Zeiten schweren Leidens aushalten. Sind wir dann versucht, den Eintritt der göttlichen Verheißungen nach unseren eigenen Vorstellung zu erzwingen – zu dem Zeitpunkt, den wir für den richtigen halten, und auf die Art und Weise, die wir im Sinn haben?

Psalm 37 fordert uns auf, still zu sein und uns nicht zu ärgern, denn indem wir uns ärgern, schaden wir uns nur selbst. Sich zu ärgern ist nichts weiter als ein besorgtes Hadern, ein sündhaftes An-sich-Reißen der Kontrolle, die eigentlich Gott gebührt, nichts weiter als ein Murren aus einer ungeduldigen und rastlosen Gesinnung heraus. Diese Art von Ärger gießt nur noch Öl in das Feuer unserer Schwierigkeiten, und wenn wir uns ein solches Verhalten zu Eigen machen, wird es nicht lange dauern, bis sich unser schwacher und unzulänglicher Verstand über Gott und sein Wort erhebt. Sind wir erst einmal an diesem Punkt angekommen, so erscheint uns unser Leben wie ein kompliziertes Puzzlespiel, für dessen Fertigstellung wir allein verantwortlich sind.

Haben Sie Ihre Probleme schon einmal zu einem echten Gebet gemacht? Echtes, ernst gemeintes Gebet bedeutet, von der Erwartung einer bestimmten Antwort oder eines bestimmten Zeitpunktes Abstand zu nehmen. Wenn Sie so gebetet haben, können Sie einfach still sein und auf Gott warten. Vertrauen Sie ihm Ihre Sorgen an, und Ihre Beklommenheit und Ihre Angst werden verschwinden.

Falsch verstandene Identität

*»Geliebte, jetzt sind wir Kinder Gottes, und es ist noch nicht
offenbar geworden, was wir sein werden; wir wissen, dass wir,
wenn es offenbar werden wird, ihm gleich sein werden,
denn wir werden ihn sehen, wie er ist.«*
1. Johannes 3,2

Wenn wir jemandem vorgestellt werden, kommt irgendwann die unvermeidliche Frage: »Und was machen Sie beruflich?« Viele neigen dazu, einen Teil ihrer Identität in die Antwort zu legen, die sie daraufhin geben. Nur zu oft verwechseln wir das, was wir tun, mit dem, wer wir sind. Manche hätten gerne eine andere Identität. Wie gerne würde sich so manche alleinstehende Frau als Ehefrau bezeichnen können! Es ist schwer, als Single mitten unter Frauen zu leben, die den Familiennamen ihres Ehemannes führen und seine Kinder großziehen dürfen. Genauso groß ist die Sehnsucht einer verheirateten Frau, die Rolle einer Mutter einnehmen zu können, und Karrierefrauen bringen all ihre Energie auf, um ihre Identität auf den Titel auf ihrer Visitenkarte abzustimmen.

Doch unser Beruf ist nicht gleichzusetzen mit unserer Identität. Wer Wert auf den Titel der Konzernleiterin legt, wird sich wohl kaum mit einem Managerposten zufriedengeben. Wenn die eigene Identität und das eigene

Selbstwertgefühl auf der Tatsache beruhen, dass man verheiratet ist, wäre man als alleinstehende Person unglücklich. Definiert man sich allein über das Mutterdasein, würden einen Kinderlosigkeit oder die Nestflucht der erwachsen werdenden Kinder in den Abgrund der Sinnlosigkeit stürzen. Mütter, die den Sinn ihres Lebens lediglich im Bemuttern ihres Nachwuchses sehen, sind manchmal geneigt, ein Kind nach dem anderen zur Welt zu bringen, nur weil sie sich nicht vorstellen können, überhaupt etwas anderes im Leben zu tun. Doch werfen wir einmal einen Blick auf Paulus` Betrachtung seiner eigenen Person: *»Denn das Leben ist für mich Christus«* (Philipper 1,21). Christus war der Sinn seines Lebens und er machte seine gesamte Identität aus.

Ehefrau, Mutter, Generaldirektorin – das sind lediglich Hüte, die wir tragen und Rollen, die wir einnehmen, aber sie sagen nichts über unsere Identität aus. Unsere einzig wahre Identität, die Bestand hat, ist Jesus Christus. Suchen wir sie an anderer Stelle, so werden wir niemals Befriedigung finden, weil nichts anderes unser Wesen definieren kann. Lassen Sie Jesus Ihr Markenzeichen und Ihren Sinngeber sein. Im Gegensatz zu Ehemann, Kindern und Karriere macht er unsere Identität aus.

Heraus aus der Klemme

*»Und wir sehen, dass sie wegen ihres Unglaubens nicht
hineingehen konnten.«*
Hebräer 3,19

Elena ist verunsichert. Trotz eines sehr produktiven
und informativen Gesprächs mit ihrem Finanzberater
hat sie immer noch mit Anflügen von Panik zu kämpfen, sobald sie an ihre finanziellen Verhältnisse denkt.
Der Berater hatte Elena bescheinigt, dass sie mit ihren
finanziellen Angelegenheiten auf dem richtigen Weg
sei, und hatte sie ermutigt, ihre bisherigen Spar- und
Haushaltsprinzipien beizubehalten. Ihre finanzielle Situation sei doch durchaus entspannt und wohlgeord-
net. Trotzdem beschleicht sie immer noch ein ungutes
Gefühl, wenn sie eine Rechnung aus dem Postkasten
fischt, und das Blinken der Serviceleuchte auf dem Ar-
maturenbrett ihres Autos lässt regelrecht Angst in ihr
hochsteigen. *Wie viel wird es mich wohl dieses Mal wieder
kosten?*, lautet dann das ängstliche Fragen in ihrem Inneren.

Manchmal unterliegen wir unseren Ängsten, obwohl wir alles Erdenkliche unternommen haben, um sie
abzuschütteln. Wir fühlen uns wie eingeklemmt. Vielleicht sitzen Sie ja in der Tat in der Klemme. Sie sehnen
sich nach innerem Frieden und Ruhe, doch immer und

immer wieder umzingeln Sie sorgenvolle, belastende Gedanken. Woran liegt das? Manchmal können wir uns nicht nachhaltig aus einer solchen Situation befreien, weil der Umstand, den wir als Grund unserer Angst identifiziert haben, nicht die eigentliche Wurzel unseres Problems darstellt. In Elenas Fall ist das Gefühl finanzieller Sicherheit und Unabhängigkeit nicht das, was sie eigentlich braucht. Deshalb bleibt ihr emotionaler Stresspegel auch trotz der Finanzberatung unverändert. Elenas wahres Bedürfnis ist die Erkenntnis, dass Gott ihr in allem genügt, unabhängig von ihrem finanziellen Status. Sie hatte sich auf die Lösung eines Finanzproblems konzentriert, während sie in Wirklichkeit ein Glaubensproblem hatte.

Ähnliches trifft auch auf uns zu, welche konkreten Umstände es auch immer sein mögen, die uns die Sorgenfalten auf die Stirn zeichnen. Die Wurzel unter dem doppelten Boden unserer Angst ist meistens – wenn nicht sogar immer – mangelndes Vertrauen in Gott und der daraus resultierende Unwille, ihm bedingungslos zu folgen. Dies ist genau der Punkt, auf den der Schreiber des Hebräerbriefes hinauswollte. Zur Zeit des Alten Testaments war es Gottes Gegenwart, die die Israeliten, von denen hier die Rede ist, Tag und Nacht begleitete und führte. Durch das Manna, das Gott vom Himmel herabregnen ließ, wurden sie auf wunderbare Weise mit ausreichend Nahrung versorgt. Rund um die Uhr befanden sie sich unter dem Schutz des Allerhöchsten. Trotz all dieser Privilegien – Gottes Gegenwart, seine Versorgung und sein Schutz – lebten die Israeliten in ständiger

Angst, dass ihnen irgendetwas Schreckliches widerfahren könnte. Deshalb nahm der Friede Gottes auch keinen Raum in ihren Herzen ein, obwohl er jederzeit verfügbar gewesen wäre. Der Schreiber des Hebräerbriefes hielt es nicht für notwendig, auf die Schwierigkeiten hinzuweisen, die ein Leben in der Wüste für die Israeliten ja in der Tat auch mit sich brachte. Unmissverständlich legte er stattdessen ihre misstrauischen Herzen als Grund für ihre Unfähigkeit, dem inneren Frieden Raum zu geben, offen.

Wenn wir doch nur glauben würden, dass das, was wir hier und heute haben – nämlich ein Leben unter der Herrschaft eines Gottes, der schützt und versorgt –, alles ist, was wir brauchen, würden wir ganz schnell aufhören, anderswo Erfüllung zu suchen.

Auf wessen Konto
geht unsere Angst?

»Seht zu, Brüder, dass nicht etwa in jemandem von euch ein
böses Herz des Unglaubens sei, im Abfall vom lebendigen
Gott, sondern ermuntert einander jeden Tag,
solange es ›heute‹ heißt, damit niemand von euch verhärtet
werde durch Betrug der Sünde!«
Hebräer 3,12–13

Ich warte nur darauf, dass mich irgendwann ein Blitz
vom Himmel trifft«, lacht ein Bekannter, der früher einmal mit dem Herrn ging, halb im Spaß. »Seit ich ohne
Gott lebe, habe ich mich jetzt schon zahlreichen sexu-
ellen Sünden hingegeben – aber ohne jede Konsequenz.
Ich habe keine Geschlechtskrankheiten oder so etwas
bekommen.« Eines ließ mein Bekannter jedoch bei seinen Überlegungen außer Acht. Die schrecklichste aller
Konsequenzen hatte ihn bereits fest im Griff: Ein wach-
sendes Verlangen nach solcher Art von Sünde und die
sich zwangsläufig einstellende Gleichgültigkeit gegenüber Gott.

Dieselbe Gleichgültigkeit droht auch uns, wenn wir
einen Pakt mit der Angst eingehen und ihr ein dauerhaftes Bleiberecht einräumen. Denn die Angst folgt
aus der argwöhnischen Überzeugung, dass Gott nicht

ausreichend oder in rechter Weise für uns sorgt. Solch eine Überzeugung ist blanker Unglaube, und je länger wir sie in unserem Inneren dulden, desto immuner wird unser Herz gegenüber der Wahrheit der göttlichen Güte, Freundlichkeit, Liebe und Bereitschaft, uns im Überfluss zu versorgen. Aber was können wir tun, wenn wir bei uns selbst ein hartes Herz diagnostizieren? Wir sehen der Wahrheit ins Auge und erkennen sie an, indem wir unsere Angst als Sünde entlarven. Und wir nennen unsere Angst bei ihrem eigentlichen Namen: Unglaube. Wenn wir in ständiger Angst leben, ist unser Herz mit Sicherheit durchdrungen von Unglauben. Jeglicher Sorge und jeglichem Akt der Sünde, den wir begehen, liegt Unglaube zugrunde. Unglaube ist die unsichtbare, aber doch vorhandene Behauptung unseres Herzens, dass Gott nicht vertrauenswürdig ist.

Oftmals glauben wir, dass unsere Ängste aus den Umständen resultieren, mit denen wir zu kämpfen haben. Doch das ist schlichtweg nicht wahr. Unglaube ist die Quelle aller Ängste, denn wenn der Unglaube unseren Verstand und unser Herz regiert, rücken wir Gottes von Güte durchdrungenes Wesen in ein schlechtes Licht. Zweifeln wir an Gottes freundlichen Absichten, werden unsere Herzen in die Irre gehen und sich gegenüber den Annehmlichkeiten verschließen, die er für uns bereithält. Der Hebräerbrief wurde nicht an Ungläubige geschrieben. Er ist an Christen gerichtet, und diese Tatsache zeigt uns, dass uns unsere Zugehörigkeit zur Familie Gottes nicht vor der Gefahr der Herzenshärte schützt. Aber ein hartes Herz muss nicht das letzte Wort sein. Jetzt und hier können wir Schluss machen mit der Lüge des Unglaubens und unser Vertrauen ganz neu auf unseren guten himmlischen Vater setzen.

Die Wahrheit über den Stolz

»Vor dem Verderben kommt Stolz,
und Hochmut vor dem Fall.«
Sprüche 16,18

Ich glaube nicht an Gott, Erika«, erklärte Brittney. »Und ehrlich gesagt, verstehe ich nicht, wie du an ihn glauben kannst. Jetzt mal im Ernst: Was hat er denn getan, um dir zu beweisen, dass es ihn wirklich gibt? Dir geht es doch ständig schlecht, du läufst einfach nur deprimiert durch die Gegend und erschrickst vor deinem eigenen Schatten.«

Beide Frauen leben im Unglauben, obwohl eine von beiden, nämlich Erika, Christin ist. Brittney weigert sich, an Gottes Existenz zu glauben, während Erika sich weigert, an Gottes Güte zu glauben. Unglaube stützt sich auf die Wahrnehmung der Welt um uns herum anstatt auf Gottes Wesen und sein Wort. Ob Christ oder Nichtchrist – in jedem von uns kann Unglaube wuchern, denn die Wurzel des Unglaubens ist der Stolz und der Stolz wohnt im Herzen eines jeden Menschen. Unglaube und Stolz sind zwei Seiten derselben Medaille, und beide kämpfen sie um die Vormachtstellung in unseren Herzen, weil sie uns weismachen wollen, dass nichts und niemand – auch nicht Gott – die Geschicke der Welt und unseres Lebens besser regeln kann als wir selbst.

Wir schaudern angesichts der schrecklichen Schlagzeilen, die uns grauenvolle Sünden wie Mord, Vergewaltigung und Kindesmissbrauch berichten. Aber in Wahrheit ist der Stolz noch schlimmer. Stolz war die Sünde, die Satans Fall verursachte (Jesaja 14,12–15). Stolz vernichtet Königreiche, Ehen und Individuen. Stolz trachtet danach, Gott zu entmachten und unserem Ich den Platz auf dem Thron zuzuweisen, der eigentlich Gott gebührt. Es ist oftmals am schwersten, uns von der Sünde des Stolzes zu überführen, weil wir seinen eisernen Griff um unsere Herzen gar nicht wahrnehmen.

Stolz ist oft schwer zu enttarnen, doch ganz sicher ist er im Spiel, wenn wir angesichts unserer Lebensumstände mit Gefühlen der Angst, der Sorge und des Zweifels reagieren. Ganz sicher ist er im Spiel, wenn wir uns elend fühlen, weil wir etwas nicht bekommen, was wir unserer Meinung nach unbedingt benötigen. Ganz sicher ist er im Spiel, wenn wir uns gegen Gottes Wege sträuben, weil sie nicht unserer Vorstellung von Gerechtigkeit entsprechen. Sind wir dagegen fest davon überzeugt, dass Gott derjenige ist, der er zu sein behauptet, wird unser Leben vielmehr von Frieden als von Auflehnung gekennzeichnet sein. Im Vertrauen auf ihn wird unsere Seele Ruhe finden und nur zu gerne werden wir uns vom Stress des Selbstmanagements verabschieden. Doch wie kommen wir dahin? Die Bibel verrät es uns: indem wir nach einem demütigen Herzen streben. »Demütigt euch nun unter die mächtige Hand Gottes«, schreibt Petrus, »*damit er euch erhöhe zur rechten Zeit, indem ihr alle eure Sorge auf ihn werft! Denn er ist besorgt für euch«* (1. Petrus 5,6–7).

Der Segen der Demut

»Denn der HERR hat Wohlgefallen an seinem Volk.
Er schmückt die Demütigen mit Heil!«
Psalm 149,4

Demut ist der Wille Gottes für jede seiner Töchter. Eigentlich will Gott viel mehr unsere Demut als unseren Dienst oder unsere guten Werke, weil unsere Demut unseren Herrn ehrt und uns ein Leben im Vertrauen voll innerem Frieden, Freude und Zufriedenheit beschert. Demut ist der Same, der heranwächst zur prachtvollen Pflanze der vertrauensvollen Gewissheit, dass Gott weiß, was er tut. Eine demütige Frau wird Gott nur allzu gerne die Bühne ihres Lebens überlassen, auch wenn es ab und zu zu Situationen kommt, die ihrem eigenen logischen Denken widersprechen.

Gott wird alles daran setzen, um uns in die Demut zu führen, damit uns seine hiermit verbundenen Segnungen ja nicht entgehen. Doch wie bewirkt Gott Demut in unseren Herzen? Oftmals schickt und gebraucht er Zeiten der Dürre und der Schwachheit sowie alle möglichen Arten der Anfechtung. Besonders dann, wenn Schwierigkeiten und Erschöpfung der eigenen Ressourcen unser Leben durcheinanderwirbeln, halten wir Ausschau nach Anzeichen für Gottes Güte und Macht. Er lässt uns mitten durch Dürre und Anfechtung gehen, damit wir lernen, ganz auf ihn zu vertrauen. Trotzdem kann es passieren, dass wir den Segen solcher Zeiten verspielen, weil wir falsch darauf reagieren.

Wayne Mack schreibt: »Gott gebraucht schwierige Zeiten in unserem Leben, um uns zu zeigen, dass es nur eine Tatsache gibt, der wir zu verdanken haben, dass in unserem Leben überhaupt etwas funktioniert: Gott ordnet es so an. ... Was immer Gott anordnet, wird geschehen, und nur das, was Gott anordnet, wird geschehen. Schwierige Lebensumstände halten uns die Realität wie einen Spiegel vor Augen: In allem, wirklich in allem, sind wir von Gott abhängig.«[4]

Auf Zeiten der Anfechtung können wir auf zweierlei Weise reagieren: Entweder schauen wir nach oben oder nach innen. Doch nur einer dieser Blicke gibt uns eine realistische Einschätzung unserer jeweiligen Situation und lässt uns die Hilfe entdecken, nach der wir uns sehnen. Suchen wir die Hilfe in uns selbst, werden wir weder Antworten noch Trost finden. Schauen wir aber von uns selbst weg und nach oben, werden wir Gottes gute Absichten mit uns entdecken und ihnen Vertrauen schenken. Eine solche Blickrichtung wird uns Ruhe und Zufriedenheit bescheren – selbst in Zeiten der Not.

Siegreich auch in Anfechtungen

»Haltet es für lauter Freude, meine Brüder, wenn ihr in
mancherlei Versuchungen geratet, indem ihr erkennt,
dass die Bewährung eures Glaubens Ausharren bewirkt.
Das Ausharren aber soll ein vollkommenes Werk haben,
damit ihr vollkommen und vollendet seid
und in nichts Mangel habt.«
Jakobus 1,2–4

Seufzend stellt Susan ihre Kaffeetasse in die Spüle und beginnt, eine Waschmaschine mit Schmutzwäsche zu füllen. Ihr Herz ist schwer, während sie die Wäsche sortiert. Das anstrengende Gespräch, die gereizte Stimmung am Frühstückstisch heute Morgen – all das geht ihr noch sehr nach. Ihre Tochter Cassie hatte ihrer Cornflakesschale einen wütendenden Stoß in Richtung Tischmitte versetzt, als Susan ihr eröffnet hatte, dass sie sie um 23:00 Uhr vom Abschlussball zurückerwarte. Und Jim war ihr dabei auch keine Hilfe gewesen: Er hatte sich vorsichtshalber hinter seiner Zeitung verkrochen und ihr mal wieder die Rolle der Bösen überlassen. Nachdem Cassie das Haus mit einem lauten Türschlagen verlassen hatte, hatte Susan versucht, mit Jim über ihre Bedenken zu sprechen, doch sie war stattdessen nur auf

Unverständnis gestoßen. »Sie ist sechzehn«, entgegnete er knapp und verließ die Küche. »Lass ihr doch einfach mal ein bisschen Freiheit. Sie fühlt sich eingeengt, weil du ihr nie von der Seite weichst.« Tagein, tagaus fühlt sich Susan einfach nur einsam.

Mit welchen Dingen des Alltags kämpfen Sie gerade? Die Antwort fällt sicherlich für jeden von uns anders aus, und trotzdem kennen wir alle Dinge und Situationen, die uns immer wieder an den Rand der Entmutigung und Depression bringen können. Vielleicht haben Sie eine schwierige Beziehung zu einem anderen Menschen, die Gott einfach nicht heilt. Oder möglicherweise kommen Sie mit einer überraschenden Wendung, die Ihr Leben genommen hat, nicht wirklich zurecht. Manchmal belasten uns auch unbeantwortete Gebete: Je länger man ohne eine sichtbare Reaktion Gottes betet, desto weiter entfernt erscheint Gott einem dann oftmals. Was auch immer Ihnen beim Nachdenken über diese Frage in den Sinn kommen mag, es ist eine Prüfung, die ein liebender Gott speziell für Sie entworfen hat – sei es in Form von Leid, in der von Schwachheit oder Anfechtung.

Doch wie oft stellen wir seine guten Absichten infrage und versinken in Zweifel und Entmutigung?! »Wie kann ein liebender Gott so etwas zulassen?«, fragen wir uns. »Niemals würde ich mein Kind absichtlich solch einer Situation aussetzen, wie er sie mir gerade zumutet.«

Aber unser himmlischer Vater ist weiser, als wir es als Eltern je sein könnten. Er schickt uns durch Schwierigkeiten hindurch, die uns herausfordern, nicht um uns in Zweifel zu stürzen, sondern um uns zu helfen, den Kampf gegen unsere Zweifel aufzunehmen und zu bestehen. Ein weiser Spruch zu diesem Thema lautet: »Gott wird dir vielleicht Schmerzen zufügen, aber er wird dir niemals schaden.« Und weil das wahr ist, können und müssen wir neue Hoffnung schöpfen:

»An diesem Punkt sind wir in der Gefahr zu denken: Zwar habe ich das bisschen verloren, was ich einmal hatte, und ich erwarte auch nicht, dass ich es je wiedererlangen werde. Aber ich gehe meinen Weg einfach weiter, rein aus Loyalität, aus bloßer Pflichterfüllung. ... Ich werde mich meinem Schicksal ergeben, anstatt vor ihm wegzulaufen. Nein, ich bin kein Deserteur, der dem Kampf den Rücken kehrt. Ich werde weitergehen – trotz aller Hoffnungslosigkeit, die mein Herz erfüllt. *Das ist der Geist der Resignation, der inneren Erstarrung. Wir müssen uns darüber im Klaren sein, dass dies eine Versuchung des Teufels ist. Er ist nicht eher zufrieden, bis er die Kinder Gottes all ihrer Hoffnung beraubt hat.«*[5]

Die zerstörende Macht der Begierde

»Niemand sage, wenn er versucht wird:
Ich werde von Gott versucht. Denn Gott kann nicht versucht
werden vom Bösen, er selbst aber versucht niemand.
Ein jeder aber wird versucht, wenn er von seiner eigenen
Begierde fortgezogen und gelockt wird.«
Jakobus 1,13–14

Gerade erst vor zwei Wochen ist Joshua, ihr Erstgeborener, drei Jahre alt geworden. Zur Feier des Tages hatten sie eine kleine Geburtstagsfeier organisiert. Aber Joshua wollte nichts anrühren, noch nicht einmal seinen Kuchen oder sein Eis. Er klagte über Bauchweh, und so vereinbarte Rachel einen Termin beim Kinderarzt. Danach ging alles sehr schnell: Eben noch vor Kuchen und Kerzen, jetzt schon am Tropf auf der Kinderintensivstation. Wie sich das Blatt innerhalb so kurzer Zeit wenden kann! Der Übergang vom leichten Bauchweh zu lebensbedrohlichen Schmerzen dauerte nur ein paar Stunden. Aber Rachels Schmerz ist mindestens so groß wie der ihres Sohnes. Das Leiden ihres Kindes, das nicht nur durch die Krankheit an sich, sondern auch durch die Tortur der ganzen Untersuchen und Behandlungsversuche verursacht wurde, ist eine regelrechte Qual für alle beide. Sie kann nichts weiter tun als seine Hand zu halten und gegen den Schmerz ihrer Hilflosigkeit anzukämpfen, der in ihr hochsteigt, wenn Joshua sie wieder vergeblich anfleht, sie solle doch endlich seine Schmerzen wegnehmen. »Warum tut Gott uns das an?«, fragt Rachel verzweifelt. »Ich würde alles tun, um die Leiden meines Kindes zu lindern. Warum handelt Gott nicht, wenn er wirklich so allmächtig und gut ist?«

In der Konfrontation mit Leid – sowohl dem eigenen als auch dem der Menschen, die wir lieben – sind wir so leicht versucht, an Gottes Güte zu zweifeln. Wir wollen ihm ja vertrauen, aber der schreckliche Schmerz, den wir durchmachen, scheint uns davon abhalten zu wollen. Wir neigen dazu, Gott und sein Handeln an unserem eigenen Maßstab zu messen. Wir wünschen uns Erleichterung, Annehmlichkeiten und ein kleinstmögliches Schmerzpensum – für uns selbst und fast mehr noch für diejenigen, die uns am Herzen liegen. Ist das nicht nachvollziehbar? Wenn wir schon das Leiden eines geliebten Menschen abstellen würden, ohne auch nur eine Sekunde lang zu zögern, liegt es dann nicht auch nahe, dass ein Gott der Liebe genau so handeln würde? Wenn Gott wirklich die Macht hat einzuschreiten und sich liebend um uns sorgt, aber scheinbar tatenlos zuschaut, wie wir leiden, dann liegt doch der Schluss nah, dass er gar nicht so freundlich und gut ist wie wir.

Allen Annahmen zum Trotz hat Gott in Wahrheit immer unser Bestes im Sinn – größtmögliches Glück, Freude und Segen. Aber die Wege, die er uns dahin führt, weichen stark von unseren Vorstellungen ab. Uns fehlt schlichtweg der Überblick, während Gott das Gesamtbild vor Augen hat – das Gesamtbild im Licht der Ewigkeit. Doch auch wenn wir es nicht *sehen* können, so können wir es dennoch *glauben*. In diesem Leben werden wir nie frei von Leiden sein – eine Tatsache, die einem dann Angst macht, wenn man nur auf Erleichterung von Schmerz und Kummer aus ist. Doch der Friede Gottes wird unsere Seelen durchdringen, wenn wir das im Glauben ergreifen können, was der Apostel Johannes einst geschaut hat. *»Und er wird jede Träne von ihren Augen abwischen, und der Tod wird nicht mehr sein, noch Trauer, noch Geschrei noch Schmerz wird nicht mehr sein; denn das Erste ist vergangen«* (Offenbarung 21,4).

Große Erwartungen

»Den Elenden errettet er in seinem Elend
und öffnet durch Bedrängnis sein Ohr.«
Hiob 36,15

Hiob, ein wohlhabender Großgrundbesitzer im Israel der Antike, war ein reicher, Gott hingegebener Mann. Irgendwann jedoch kam der Punkt, an dem sein komplettes Leben über ihm zusammenbrach. Er verlor seinen gesamten Tierbestand und damit auch sein ganzes Vermögen. Anschließend kamen alle seine zehn Kinder gleichzeitig ums Leben. Trotz seines unbeschreiblich großen Kummers hielt Hiob an seinem Glauben fest. Er brachte es folgendermaßen auf den Punkt: *»Der HERR hat gegeben, und der HERR hat genommen, der Name des HERRN sei gepriesen!«* (Hiob 1,21).

Doch Hiobs Leiden nahm immer noch kein Ende. Gott ließ zu, dass Hiobs gesamter Körper von schmerzhaften Geschwüren befallen wurde – ein Zustand, der so unerträglich war, dass Hiob sich mitten in einen Tonscherbenhaufen setzte.

Obendrein machte ihm seine Frau auch noch klar, dass sie wohl besser ohne ihn auskomme, und riet ihm: *»Fluche Gott und stirb!«* (Hiob 2,9). Im Gegensatz zu Hiob, der sich in dieser schweren Zeit Gott und seinem Handeln fügte, weigerte sich seine Frau, Gott zu vertrauen.

Meistens reagieren wir heute nicht wie Hiob, sondern wie seine Frau, oder? Anfechtung, denen wir über einen längeren Zeitraum hinweg ausgesetzt sind, bringen uns eher dazu, uns von Gott abzuwenden, weil wir der Meinung sind, dass Gottes Maß an persönlichen Prüfungen für uns eigentlich schon längst voll sein müsste. »Herr«, sagen wir dann, »das war jetzt eine harte Zeit. Aber ich bin mir sicher, dass das nun erst einmal für eine Weile ausreicht. Jetzt erwarte ich den Segen, den du ja sicherlich als Wiedergutmachung für den ganzen Kummer für mich bereit hast.« Wenn sich eine Krise anbahnt, klammern wir uns anfänglich noch voller Hoffnung und Vertrauen an Gott. Doch was passiert, wenn die Situation nicht nur unangenehm, sondern regelrecht dramatisch wird? Dann beginnen wir zu hadern, weil wir Gott für ungerecht halten. Wir setzen Gott auf die Anklagebank, wie es C. S. Lewis einmal ausgedrückt hat. Wir machen ihm kurzerhand den Prozess und spielen dabei den Ankläger. Doch in Wahrheit sind wir diejenigen, die sich irren. Nicht mit einem Wort verspricht uns die Bibel, dass in diesem Leben auf eine harte Wegstrecke immer gleich eine besonders gute zu erwarten ist.

Eins steht fest: Gott ist gut, und es erfüllt ihn mit Freude, wenn wir uns voller Hoffnung auf sein Eingreifen inmitten unserer Schwierigkeiten an ihn hängen. Unser Vertrauen in seine Liebe für uns bereitet ihm Wohlgefallen – eine Liebe, die nichts lieber tut, als uns von Schmerzen und Herzeleid zu befreien. Aber diese Art von Vertrauen unterscheidet sich grundlegend von dem Bestreben, Gott unsere Vorstellungen überzustülpen und ihm vorzuschreiben, wie die Dinge laufen sollten. In unseren Augen haben ja wir die korrekte Sicht der Dinge, sodass wir uns sicher sind, dass Gott auch gemäß unserer Erwartungen handeln wird. Aber oftmals tut er das eben gerade nicht. Gottes Pläne, die stets unser Bestes im Blick haben, sind meistens komplett anders als unsere eigenen. Wahres Vertrauen erwartet nicht, dass Gott so handelt, wie wir es uns vorstellen oder wünschen. Wahres Vertrauen ist vielmehr überzeugt, dass Gottes Handeln stets gut und vollkommen ist. Befreiung von Angst und Sorge werden wir erst dann erleben, wenn wir unsere Vorstellungen hinsichtlich konkreter Taten Gottes in unserem Leben loslassen und ihn bitten, uns eine kindlich vertrauensvolle Erwartung ins Herz zu geben, dass er nach seinem Willen handeln wird. Wenn wir uns darauf einlassen, werden wir entdecken, dass seine Wege besser sind als alles, was wir uns selbst ausgesucht hätten.

In weitem Raum

»Den Elenden errettet er in seinem Elend
und öffnet durch Bedrängnis sein Ohr.«
Hiob 36,15

Die drei Freunde Hiobs waren schlechte Ratgeber. Eher taugten sie dazu, Hiob auf den Pfad des Zweifels und der Hoffnungslosigkeit zu bringen. Doch mitten in seinem Elend gesellte sich ein vierter Freund zu ihm. Dieser traf den Nagel auf den Kopf, als er bemerkte: »So reißt er auch dich aus dem Rachen der Angst in einen weiten Raum, wo keine Bedrängnis mehr ist; und an deinem Tische, voll von allem Guten, wirst du Ruhe haben. Wenn du aber richtest wie ein Gottloser, so halten dich Gericht und Recht fest. ... Hüte dich und kehre dich nicht zum Unrecht, denn Unrecht wählst du lieber als Elend! (Hiob 36,16–17.21, Luther 1984).

Dieser Freund wollte Hiob die Augen öffnen. Gott wollte Hiob von seinem Elend befreien, doch dieser hatte sich in eigene Erklärungen und Interpretationen seiner Lebenssituation verrannt und wollte Gott keinen Glauben mehr schenken. Sein Freund wies ihn darauf hin, dass Hiob in Wahrheit die Sünde in Form von Zweifel und Unglauben wählte, statt sich Gottes Weg zu fügen, auch wenn dieser Leiden bedeutet. Hiob entschied sich für den Zweifel, weshalb er im »Rachen der Angst«

gefangen saß. Unglaube und Zweifel hinsichtlich des göttlichen Willens stürzen uns zwangsläufig in Ängste, denn dem zweifelnden Herzen ist der Blick für Gottes Freundlichkeit, Liebe, Güte, Weisheit und für seine Sehnsucht nach uns verstellt. Mit Hiobs Ängsten verhielt es sich genauso wie mit den unsrigen: Sie waren in Wahrheit die Früchte seiner eigenen Entscheidung.

Erkennen wir uns selbst, wenn wir das Dilemma des Hiob einmal unter die Lupe nehmen? Begreifen wir, dass wir uns selbst für oder gegen die Angst entscheiden? Indem Hiob sich gegen das von Gott verordnete Leid wehrte, weigerte er sich automatisch, Gott zu vertrauen, und die Folge war Angst. Der Gedanke, dass wir die Wahl haben, ob wir in Angst leben wollen oder nicht, ist für uns zunächst fremd. Natürlich würden wir doch alles dafür tun, um die Angst loszuwerden. Alles – alles, außer sich Gottes Wegen unterzuordnen, wenn das heißt, Schmerzen zu erdulden oder etwas uns lieb Gewordenes zu verlieren. Doch wenn wir uns entscheiden, bedingungslos zu vertrauen, werden wir feststellen, dass die Angst vor Schmerzen und Verlust viel schlimmer war als das Leiden selbst.

Unterwegs auf Gottes Wegen

»Alle Pfade des HERRN sind Gnade und Treue denen,
die seinen Bund und seine Zeugnisse bewahren.«
Psalm 25,10

Der Prophet Jona war ein Mann, der sich an einem schrecklichen Ort wiederfand, weil er Gott misstraut hatte. Gott hatte Jona auf einen bestimmten Weg gerufen, auf einen Weg, der ihn in die Stadt Ninive führen sollte, wo er die vielen gottlosen Menschen zur Buße und zur Umkehr rufen sollte. Doch Jona war damit ganz und gar nicht einverstanden, und so lief er vor Gottes Ruf fort und endete im Bauch eines Fisches, in einer solch grauenvollen Situation also, dass sie unsere Vorstellungskraft übersteigt. Und doch gebrauchte Gott diese Situation an diesem furchtbaren Ort, um Jona eine wertvolle Lektion zu erteilen: *»Die, die nichtige Götzen verehren, verlassen ihre Gnade«* (Jona 2,9).

Welchen nichtigen Götzen hatte Jona denn verehrt, der ihn dazu brachte, sich von Gottes Gnade und seiner liebenden Fürsorge abzuwenden? Nun, Jona hatte sich krampfhaft an sein vermeintliches Recht geklammert, selbst entscheiden zu können, was mit und in seinem Leben geschehen soll, und was seiner Meinung nach am wenigsten geschehen sollte, war die Errettung der gottlosen Stadt Ninive. Gott ließ ihn also seinen eigenen Weg gehen – so, wie er auch uns ziehen lässt, wenn wir meinen, die Bühne unseres Lebens allein beherrschen zu müssen. Doch weil Gott gnädig ist, wird er dafür sorgen, dass der Weg, auf dem wir von ihm weglaufen, letztendlich in die Sackgasse führt. Ebenso ließ Gott Jona in seinem Chaos, das er angerichtet hatte, nicht allein. *»Das Herz des Menschen plant seinen Weg, aber der HERR lenkt seine Schritte«* (Sprüche 16,9). Gott hatte seinen Plan für Jona, und um sicher zu stellen, dass dieser Plan auch ausgeführt wurde, brachte er ein Unwetter auf den Plan, um Jonas Herz zur Umkehr zu rufen.

Mit einem großen Fisch und dessen noch größerem Appetit kam Gott dann zum Ziel. Am Ende einer chaotischen Verkettung unglücklicher Umstände fand sich Jona im Bauch dieses Fisches wieder – in einer Situation also, aus der er dieses Mal keinesfalls aus eigenem Antrieb entkommen konnte. Haben Sie jemals so in der Klemme gesessen wie Jona? Wenn ja, dann mögen Sie sich an die Gefühle von Verzweiflung und Hoffnungslosigkeit und an die elendige Erkenntnis der Tatsache erinnern können, dass Sie sich durch eigenes Verschulden in diese Situation hineinmanövriert haben. Vielleicht trifft das genau Ihren momentanen Zustand, und Sie sitzen im Bauch eines Fisches, der Sie mitsamt Ihrer eigenen Dummheit verspeist hat – und Sie sitzen fest! Aber in Wahrheit gibt es einen Ausweg, und Sie werden ihn finden, wenn Sie handeln wie Jona, anstatt in Ihrer

Angst zu ertrinken: »*Als meine Seele in mir verschmachtete, dachte ich an den HERRN*« (Jona 2,8).

Gott lässt uns die Scherben unseres Handelns nicht alleine aufkehren. Er eilt uns zur Hilfe und sorgt dafür, dass wir den Weg nach Hause finden. Ein weiser Pastor sagte einmal, dass Gott diejenigen zerbricht, die er gebrauchen möchte. Sind Sie bereits zerbrochen? Wenn ja, dann rufen Sie zu Gott. Er wird Sie finden und erretten.

Frieden
inmitten von Bedrängnis

»Durch Glauben weigerte sich Mose, als er groß geworden war, ein Sohn der Tochter Pharaos zu heißen, und zog es vor, lieber zusammen mit dem Volk Gottes geplagt zu werden, als den zeitlichen Genuss der Sünde zu haben.«
Hebräer 11,24–25

Mose war an einer der Weggabelungen seines Lebens angekommen und musste eine schwere Entscheidung treffen. Der eine Weg, der vor ihm lag und den er bereits die längste Zeit seines Lebens beschritten hatte, war das Leben in der königlichen Familie Ägyptens – und dieses Mal wäre es endgültig und für immer. In vielerlei Hinsicht wäre das die angenehmere Wahl gewesen. Als Pharaos Enkel hätte er eine privilegierte gesellschaftliche Position genossen, die ihm Vorzüge wie großen Reichtum, persönliche Macht, Sicherheit und besonderen Personenschutz sowie erstklassige Nahrungsversorgung und das Recht auf die allerfeinsten Frauen beschert hätte. Doch Mose entschied sich für den zweiten Weg, einen Weg, dessen Beschreiten das sofortige und radikale Ende all dieser Privilegien bedeutete, an deren Genuss er teilweise bereits seit seiner Jugend gewöhnt war. Mose entschied sich, auf Gottes Weg an der Seite des Volkes Gottes zu wandeln. Moses Entscheidung war eine bewusste Entscheidung für ein Leben mit Schmerz und Leid.

Was war es, das Mose zu einer solchen Entscheidung befähigte? Sträubt sich beim Gedanken daran, sich zielsicher und bewusst in lebensbedrohliche Umstände zu begeben, nicht jede Faser unseres logischen Denkens? Wir fürchteten doch, wir könnten im Sumpf des Leidens versinken. Wie kann man sich denn allen Ernstes freiwillig in solch ein Unglück stürzen? Mose muss gewusst haben, dass etwas überaus Herrliches am Rande dieses Weges auf ihn wartete, das all seine Ängste und Entbehrungen in den Schatten stellte. Ohne zu zögern beschritt er den Weg der Bedrängnis, weil es der Weg der Gemeinschaft mit Gott und Gottes Volk war – ein Umstand, der weitaus mehr Segen und Freude zur Folge hatte als alles, was ihm der Hof des Pharaos jemals hätte bieten können. Mose wusste auch, dass die Entscheidung für Gott in Wahrheit größtmögliche Sicherheit bedeutete. Häufig gehen wir so von Ängsten geplagt durchs Leben, weil wir Sicherheit in unserem Beruf, unseren Beziehungen, unserem Einfamilienhaus und in unserer gesellschaftlichen Stellung suchen. Wahre, verlässliche Sicherheit gibt es nur bei Gott, und nichts anderes vermag uns ein dauerhaftes Gefühl von Schutz zu vermitteln.

Des Weiteren traf Mose seine Entscheidung ohne Zögern, Zittern und Zagen. Als er merkte, dass er die Wahl zwischen Leiden und irdischem Komfort hatte, legte er sich ohne Umschweife fest. Er verhandelte nicht erst mit Gott, etwa indem er betete: »Okay, Herr, bis zu einem gewissen Punkt bin ich bereit, mitzugehen, aber wenn der Preis, den ich dafür zahlen muss, zu hoch wird, müssen wir noch einmal darüber reden.« Auch sagte er nicht: »Wenn du wirklich ein guter Gott wärst, würdest du mich nicht in solch eine Zwickmühle bringen.« Manchmal sind wir eben gefordert, eine Glaubensentscheidung zu treffen, die unserem Verstand widerspricht. Gottes Weg mag uns unsicher und beängstigend erscheinen, und wir fürchten, dass wir nichts als nur Verlust kassieren, wenn wir uns auf ihn einlassen. Aber wenn es Gottes Weg ist, dann ist es der beste Weg, und es gibt keinen Grund zur Sorge. Vielmehr ist das Einzige, wovor man sich wirklich fürchten sollte, die Wahl der Alternative. Genau wie Mose können auch wir die richtige Entscheidung treffen: »... *indem er die Schmach des Christus für größeren Reichtum hielt als die Schätze Ägyptens; denn er schaute auf die Belohnung«* (Hebräer 11,26).

Heilsames Erinnern

»Ist das nicht das große Babel, das ich durch die
Stärke meiner Macht und zur Ehre meiner Herrlichkeit
zum königlichen Wohnsitz erbaut habe?«
Daniel 4,27

Es war ein sehr finsteres Kapitel in der Geschichte des Volkes Gottes, als die Israeliten ihre Heimat verlassen und in Babylon unter der Herrschaft des arroganten, ichbezogenen Königs Nebukadnezar leben mussten. Einer der Israeliten dieser Zeit war der Prophet Daniel.

Daniel genoss großes Ansehen bei Nebukadnezar, sodass dieser dem jungen Propheten ein hohes Amt an seinem Hof zuwies. Dadurch, dass Daniel Nebukadnezar auf diese Weise aus nächster Nähe beobachten konnte, gewinnen wir heute einen Einblick, wie Gott mit diesem selbstsüchtigen König umging.

Beschäftigen wir uns mit dem Buch Daniel, so stellen wir fest, dass zwischen Nebukadnezar und uns gar kein so großer Unterschied besteht. In Zeiten, in denen das Leben des Nebukadnezar glattlief, machte er eine Bestandsaufnahme aller seiner Taten und Errungenschaften und buchte all den Segen, der in seinem Leben sichtbar geworden war, auf das Konto seines eigenen Tuns und Schaffens.

Unterliegen wir nicht vielfach einer ähnlichen Selbsttäuschung? Zwar können wir keine Erfolge wie die Aufrichtung einer wirtschaftlichen und militärischen Supermacht wie etwa das Babylon der Antike verbuchen, doch wie oft sind wir der Ansicht: »Wenn ich die Arbeit nicht erledige, dann tut es keiner«, oder: »Ich bin die Richtige, um diese Aufgabe zu lösen«, oder: »Ich muss jeden Schritt in diesem Projekt selbst in die Hand nehmen, weil ich befürchte, dass es sonst schiefläuft«?

Das Denken, unser Einsatz oder unsere Beteiligung seien unverzichtbar für den erfolgreichen Ausgang einer bestimmten Sache, führt zu der nach innen gerichteten und beängstigenden Vorstellung, dass die Welt zerbricht, wenn wir sie nicht zusammenhalten. Wir nennen es Einflussnahme. »O ja, klar müssen wir auf alles ein Auge haben«, sagen wir scherzhaft. Weil wir in einer Gesellschaft leben, die Einflussnahme zu einer Tugend erhoben hat, ist es schwer zu erkennen, dass solch eine Form von Kontrollsucht ein Synonym für Stolz ist. Hässliche und zerstörerische Einstellungen verstecken sich häufig hinter gut aussehenden Masken, doch sobald ein Kontrollverlust droht, schimmert das hässliche Wesen durch. Wie können wir uns von unserer Kontrollsucht und ihren Begleiterscheinungen wie Stolz und Angst befreien? Wir kehren ihnen den Rücken, indem wir uns erinnern.

»(Sag nicht) in deinem Herzen ...: Meine Kraft und die Stärke meiner Hand hat mir dieses Vermögen verschafft! Sondern du sollst an den HERRN, deinen Gott; denken, dass

er es ist, der dir Kraft gibt, Vermögen zu schaffen; damit
er seinen Bund aufrechterhält, den er deinen Vätern ge-
schworen hat, so wie es heute ist.«
5. Mose 8,17–18

Vom Irrsinn des Unglaubens

»Und am Ende der Tage erhob ich, Nebukadnezar,
meine Augen zum Himmel, und mein Verstand
kehrte zu mir zurück. Und ich pries den Höchsten,
und ich rühmte und verherrlichte den ewig Lebenden,
dessen Herrschaft eine ewige Herrschaft ist
und dessen Reich von Generation zu Generation währt.«
Daniel 4,31

Nebukadnezar, der König von Babylon, hatte ein verzerrtes Selbsbild – er dachte zu hoch von sich selbst.
Und wie alle Menschen mit einer überzogenen Selbst-
einschätzung dachte er zwangsläufig gering von Gott.
Nebukadnezar ist nicht gerade die Person der Bibel,
mit der wir gerne verglichen werden möchten, doch es
gibt Grund zur Annahme, dass mehr von Nebukadnezar durch uns hindurchschimmert, als wir meinen. Wir
nehmen es nur nicht wahr. Doch Gott nimmt es wahr,
und er weiß, dass unsere verzerrte Selbstwahrnehmung
auf einem verzerrten Gottesbild beruht. Immer wenn
wir uns selbst mehr vertrauen als Gott, handeln wir genau wie Nebukadnezar. »Wir haben es geschafft, uns ein
kleines Einfamilienhaus in einem ruhigen Stadtteil zu
erarbeiten, in dem es gute Schulen für unsere Kinder
und einen angesehenen Tennisclub gibt, dem wir beige-
treten sind.« – Das klingt doch ganz nach Nebukadnezar,

als er sagte: »*Ist das nicht das große Babel, das ich durch die Stärke meiner Macht und zur Ehre meiner Herrlichkeit zum königlichen Wohnsitz erbaut habe?*« (Daniel 4,27). Das ist Sünde. Das ist Stolz. Das ist irrsinnig und krank, wie Nebukadnezar später noch feststellen sollte.

Gott möchte das Bild, das wir von ihm und von uns selbst haben, wieder zurechtrücken, und genau das tat er auch bei Nebukadnezar. Gott befreite ihn von seinem selbstherrlichen Irrglauben, indem er ihm demonstrierte, wer in Wirklichkeit die Fäden in Babylon zog. Zunächst ließ er Nebukadnezar den Irrsinn seines Denkens im wörtlichen Sinn erfahren:

> »*Dir, König Nebukadnezar, wird gesagt: Das Königtum ist von dir gewichen! Und man wird dich von den Menschen ausstoßen, und bei den Tieren des Feldes wird deine Wohnung sein; man wird dir Gras zu essen geben wie den Rindern. Und es werden sieben Jahre über dir vergehen, bis du erkennst, dass der Höchste Macht hat über das Königtum der Menschen und es verleiht, wem er will. Zu derselben Stunde wurde das Wort an Nebukadnezar erfüllt: Er wurde von den Menschen ausgestoßen und aß Gras wie die Rinder, und sein Leib wurde benetzt vom Tau des Himmels, bis sein Haar wie Adlerfedern wuchs und seine Nägel wie Vogelkrallen.*«
> Daniel 4,28–30

Eine passendere Maßnahme konte Gott wohl nicht ergreifen, denn Wahnsinn ist das Kennzeichen eines jeden Menschen, der glaubt, sein Leben ohne Gott führen zu können. Was brachte Nebukadnezar letztlich seinen geordneten, gesunden Verstand zurück? Die Bibel sagt es sehr klar – Nebukadnezar schaute himmelwärts:

»Und am Ende der Tage erhob ich, Nebukadnezar, meine Augen zum Himmel, und mein Verstand kehrte zu mir zurück. Und ich pries den Höchsten, und ich rühmte und verherrlichte den ewig Lebenden, dessen Herrschaft eine ewige Herrschaft ist und dessen Reich von Generation zu Generation währt.«
Daniel 4,31

Nebukadnezars Blick zum Himmel war Ausdruck einer demütigen Geisteshaltung, die Anerkennung der Tatsache, dass Gott derjenige ist, der alles lenkt und kontrolliert, und als sich der König demütigte, wurde sein Verstand vom Irrsinn geheilt. Eine der vielfältigen bösen Früchte der Selbstsicherheit ist das verzerrte und verdrehte Bild, das wir von uns selbst und von Gott haben. Je größer wir in unseren Augen werden, desto kleiner erscheint uns Gott. Uns fehlt der klare Blick, um zu erkennen, dass wir in uns selbst keine verlässlichen Antworten finden können. Wir sind zerbrechlich und unfähig, unser Leben alleine zu meistern. Ist es ein Wunder, dass Menschen, die meinen, alles kontrollieren zu müssen, mit chronischen Ängsten zu kämpfen haben?

Nebukadnezars Einstellung änderte sich, als er seinen Blick von sich selbst weg und hin auf Gott richtete. Er bekam seinen Verstand wieder, und er erlebte, dass Gott *»... nach seinem Willen verfährt ... mit dem Heer des*

Himmels und den Bewohnern der Erde. Und da ist niemand, der seiner Hand wehren und zu ihm sagen könnte: Was tust du?« (Daniel 4,32). Nebukadnezar lernte eine Lektion, die Gott auch uns erteilen möchte: Wir müssen nicht versuchen, die Kontrolle zu übernehmen, wenn Gott doch allmächtig ist und nichts lieber tut, als uns zu versorgen.

Der Weg des Heilwerdens

»Und Naaman, der Heeroberste des Königs von Aram,
war ein bedeutender Mann vor seinem HERRN und angese-
hen; denn durch ihn hatte der HERR Sieg für Aram gegeben.
Der Mann war ein Kriegsheld, aber aussätzig.«
2. Könige 5,1

Der Heeroberste Naaman konnte eigentlich sehr zufrieden sein mit sich und der Welt – wäre da nicht die
Tatsache gewesen, dass er Lepra hatte. Naaman war ein
erfolgreicher Kriegsmann. Aus diesem Grund schätzte
der König von Syrien ihn sehr und hatte großes Inter-
esse an seiner Genesung. Deshalb sandte ihn der König
zu Elisa, dem mächtigen Propheten Israels, damit dieser
ihn heilte. Als Naaman vor Elisa erschien, befahl ihm
der Prophet, sich siebenmal im Jordan zu baden. Doch
anstatt Elisas Anweisung zu befolgen, wurde Naaman
wütend, weil sie nicht seinen Vorstellungen entsprach.
Konnte er als mächtiger Kriegsmann nicht mit Recht
eine eindrucksvolle Heilungszeremonie mit Pauken und
Trompeten erwarten? Naaman hatte es sich folgendermaßen gedacht: *»Er wird nach draußen zu mir herauskom-*
men und hintreten und den Namen des HERRN, seines Gottes,
anrufen und wird seine Hand über die Stelle schwingen und
so den Aussätzigen vom Aussatz befreien« (2. Könige 5,11).
Aber so handelte Elisa eben nicht, stattdessen befahl er

Naaman schlichtweg, sich im Jordan unterzutauchen. Was für eine Beleidigung für diesen mächtigen Heerführer!

Naaman konnte nicht ahnen, dass Gott seine Lepraerkrankung nicht gebrauchen wollte, um ihm zu schaden, sondern um ihn Demut zu lehren und ihm dadurch Gutes zu tun. Naaman zögerte zunächst etwas, doch dann überwog sein Wille, gesund zu werden. Als seine Diener kamen und fragten: »*Hätte der Prophet eine große Sache zu dir geredet, hättest du es nicht getan? Wie viel mehr, da er nur zu dir gesagt hat: Bade, und du wirst rein sein!*« (2. Könige 5,13), war er bereit zu hören. Seine Diener brachten auf den Punkt, was Naaman auf dem Weg zur ersehnten Heilung im Wege stand: seine eigenen Erwartungen und Vorstellungen. Doch weil Naaman unbedingt gesund werden wollte, schluckte er seinen Stolz herunter und tat, was Elisa ihm aufgetragen hatte. Naaman entschied sich für Gottes Weg, einen Weg, der gegen seinen Verstand und gegen seine Vorstellung von Heilung lief, aber der einzige Weg, der zum ersehnten Ziel führte.

Sind wir wie Naaman? Haben wir uns auf eine bestimmte Vorstellung versteift, wie Gott heilen oder segnen, was er für uns tun sollte? Wenn ja, dann suchen wir den Segen Gottes vielleicht an der falschen Stelle. Vordringlich scheint Ihr Problem der Arbeitslosigkeit nach Lösung zu schreien oder Ihre Stimmungsschwankungen oder das Bedürfnis, mit anderen Schritt zu halten oder die Notwendigkeit, eine zerbrochene Beziehung zu kitten. Doch die Sache, die Sie behoben haben wollen, ist möglicherweise nur ein Mittel, Sie zu lehren, sich von Gott statt von sich selbst oder harmonischen Umständen abhängig zu machen.

Wenn die Bibel sagt: »Dies ist der Weg«, entgegnet jede Faser unseres Verstandes: »Nein, das ergibt keinen Sinn.« Aber Gott sagt: »Vertraue mir.« Unsere Antwort lautet: »Herr, ich will ja vertrauen, aber ich kann es einfach nicht, weil ich von dir ein anderes Handeln erwartet hatte.« Wenn wir uns sorgen aus Angst, Gott hätte vergessen, gütig zu uns zu sein, könnte es womöglich daran liegen, dass wir immer noch an unseren Vorstellungen festhalten, wie die Dinge laufen sollten? Gottes Wege einzuschlagen erfordert Demut – doch nur auf ihnen gelangen wir zur wirklichen Lösung unserer Probleme.

Die Waffen unseres Kampfes

»... denn die Waffen unseres Kampfes sind nicht fleischlich,
sondern mächtig für Gott zur Zerstörung von Festungen,
so zerstören wir überspitzte Gedankengebäude und jede
Höhe, die sich gegen die Erkenntnis Gottes erhebt, und neh-
men jeden Gedanken gefangen unter den Gehorsam Christi.«
2. Korinther 10,4–5

Im Kielwasser moderner christlicher Romanliteratur, die geistliche Kampfführung thematisiert, tummelt sich so mancher verängstigte Leser. Diese Bücher, die die Regale der Buchhandlungen füllen, machen Satan groß, Gott klein und lassen die Gläubigen als diejenigen auftreten, die zeigen, wer gewonnen hat. Die Geschichten erheben den Anspruch, biblisch fundiert zu sein, doch die meistens beruhen auf Fehlinterpretationen biblischer Zusammenhänge. Wir brauchen uns vor Satan nicht zu fürchten. Vielmehr betrübt es Gott, wenn wir unsere Herzen von der Furcht vor Satan regieren lassen. Darüber hinaus ist Satan ein besiegter Feind. Ein für alle Mal hat Christus aus ihm einen Verlierer gemacht. *»Widersteht aber dem Teufel! Und er wird von euch fliehen«* (Jakobus 4,7).

Wir sind nicht zum Kampf gegen den Teufel berufen; wir sind berufen, ihm zu widerstehen. Und wir widerstehen ihm, indem wir uns weigern, ihm Gehör zu schenken. Wir müssen also nicht in Entmutigung versinken, wenn er uns weismachen will, dass unsere Sünden zu groß oder zu zahlreich sind, als dass sie vergeben werden könnten, wenn er uns einflüstert, dass Gott nicht der liebende Vater ist, der er zu sein behauptet, oder wenn er uns einredet, dass die Begierde des Fleisches, die Lust der Augen und Stolz erstrebenswerter sind als die Wege Gottes. Wir widerstehen Satan eben nicht durch offensive Maßnahmen geistlicher Kampfführung, wie so mancher irrtümlich annimmt, oder durch direkte Zurückweisung. Es ist Sache des Herrn, Satan des Platzes zu verweisen (siehe Zefanja 3,2 und Judas 9).

Ein weiteres Mittel für den Widerstand gegen Satan ist das Anziehen der kompletten geistlichen Waffenrüstung (siehe Epheser 6,10–18). Wir kämpfen, indem wir Gottes Wort Glauben schenken, den Weg der Gerechtigkeit gehen, indem wir uns selbst die Gute Nachricht immer wieder in Erinnerung rufen und sie anderen weitersagen, indem wir unseren Glauben im Alltag umsetzen und festhalten am Gebet. Wir widerstehen dem Teufel, indem wir glaubend annehmen, dass Gott durch Jesus Christus unser liebender Vater ist, anstatt uns auf unsere Gefühle und unsere eigenen Anstrengungen zu verlassen, Gott zu gefallen.

In dem Maße, wie wir Christus Raum in unserem Herzen und unserem Verstand einräumen und unsere Liebe zu ihm zunimmt, wird der Teufel seine Angriffsfläche verlieren. Fürchten Sie sich nicht, denn gerade in Zeiten der Schwachheit ist Christus Ihre Stärke, und er wird Sie aufrichten. Er hat den Teufel bereits für Sie besiegt.

Eine persönliche Frage

»Hagar, Magd Sarais,
woher kommst du, und wohin gehst du?«
1. Mose 16,8

Hagar, das Dienstmädchen von Abrahams Frau Sara, wusste nur zu gut, was Angst ist. Die Sklaven im Israel der Antike hatten praktisch nichts zu sagen, wenn es um ihre Arbeit oder Lebensgestaltung ging. Wenn die Arbeitsbedingungen schlecht waren, so blieb ihnen nichts anderes übrig, als sie zu ertragen. Und in solch einer misslichen Lage befand sich Hagar.

Gott hatte Abraham und Sara ein Kind versprochen. Nach jahrelangem vergeblichen Warten entschloss sich das Ehepaar, die Angelegenheit selbst in die Hand zu nehmen und ein Kind durch eine Stellvertreterin gebären zu lassen. Die Wahl fiel auf Hagar. Der Plan ging auf, doch bald danach wurde Sara eifersüchtig auf Hagar und ihre Schwangerschaft und begann sie schlecht zu behandeln. Saras Verhalten gegenüber Hagar wurde dermaßen unerträglich, dass diese sich nicht mehr anders zu helfen wusste, als in die Wüste zu fliehen. In der Wüste begegnete ihr ein Engel des Herrn, der sie aufforderte, zu Sara zurückzukehren. Hagar gehorchte, indem sie bekannte: *»Du bist ein Gott, der mich sieht. Denn sie sagte: Habe ich nicht auch hier* *hinter dem hergesehen, der mich angesehen hat?«* (1. Mose 16,13).

Später, als Ismael zur Welt kam, führte ihr Weg wieder in die Wüste. Dieses Mal hatte sie ihren kleinen Sohn Ismael dabei, doch dieses Mal war sie nicht von sich aus weggelaufen. Sara hatte sie in ihrer Eifersucht in die Wüste gejagt. Hagar war verzweifelt. Sie und ihr Sohn hatten kein Wasser mehr, und so legte sie das Kind zum Sterben unter einen Busch. *»(Sie) setzte sich gegenüber hin, einen Bogenschuss weit entfernt, denn sie sagte sich: Ich kann das Sterben des Kindes nicht ansehen. So setzte sie sich gegenüber hin, erhob ihre Stimme und weinte«* (1. Mose 21,16). Doch wieder suchte Gott sie auf, erinnerte sie an seine Verheißungen und sicherte ihr Schutz und Fürsorge zu: *»Was ist dir, Hagar? Fürchte dich nicht! Denn Gott hat auf die Stimme des Jungen gehört, dort wo er ist. Steh auf, nimm den Jungen, und fasse ihn mit deiner Hand! Denn ich will ihn zu einer großen Nation machen«* (1. Mose 21,17–18).

Gott suchte Hagar an einem Ort der Einsamkeit, des Mangels und der Angst auf. Und ausgerechnet dort, inmitten hoffnungslosester Umstände, erfährt sie die leitende und tröstende Hand Gottes in sehr persönlicher Weise. Liest man die Geschichte von Hagar, Abraham und Sara einmal ganz aufmerksam durch, so fällt auf, dass der Engel des Herrn der Einzige ist, der Hagar beim Namen nennt.

Oftmals führt Gott auch uns aus denselben Gründen in die Wüste. Er sucht das ganz persönliche Gespräch mit uns, und manchmal ist die Wüstenkulisse nötig, damit wir auf ihn hören und seinen Anweisungen folgen.

Befinden Sie sich gerade in der Wüste? Wie auch immer Sie dort hingelangt sein mögen, der souveräne Gott hat jeden Schritt dorthin gelenkt. Halten Sie nach ihm Ausschau, und konzentrieren Sie sich nicht auf die aussichtslosen, beängstigenden Umstände. Er ist bei Ihnen und wartet nur darauf, Sie herauszuführen.

Wankelmütige Herzen

*»Wären wir doch durch die Hand des HERRN im Land
Ägypten gestorben, als wir bei den Fleischtöpfen saßen,
als wir Brot aßen bis zur Sättigung!
Denn ihr habt uns in diese Wüste herausgeführt,
um diese ganze Versammlung an Hunger sterben zu lassen.«*
2. Mose 16,3

Was für eine großartige Befreiung! Gott teilte das
Meer, um sein Volk aus der Hand des Pharao zu retten.
Die Israeliten lobten Gott und sangen. *»Meine Stärke und
mein Loblied ist Jah, denn er ist mir zur Rettung geworden. Er
ist mein Gott, und ich will ihn preisen, der Gott meines Vaters,
und ich will ihn erheben«* (2. Mose 15,2).

Doch nur zwei Monate und sechzehn Tage später
waren die Israeliten an einem Punkt angekommen, wo
sie Gott als ihren Feind betrachteten. Eine Wüste ist ein
karger, hoffnungsloser Ort, und wenn Gott uns dorthin
führt – in Lebensumstände, in denen wir ums tägliche
Überleben kämpfen –, dann fällt es uns schwer, seine liebende Hand in dieser Führung zu erblicken. Allem Anschein zum Trotz ist Gott jedoch da, und er wird es auch
immer sein. Dies ist eine Tatsache, die wir im Glauben ergreifen müssen, weil sie mit den Augen nicht fassbar ist.

Verzweiflung und Angst überkamen die Israeliten,
weil der Zweifel ihre Wahrnehmung verzerrte und die

Umstände übermächtig und unüberwindbar erscheinen ließ. Sie konnten nicht mehr glauben, dass der Gott, der sie aus der einen Zwangslage befreit hatte, sie sicherlich nicht in der nächsten hängen lassen würde. Als ihnen die Nahrung ausging, versorgte Gott sie mit Manna. Als sie den Weg nicht mehr fanden, navigierte er sie tagsüber mithilfe einer Wolken- und nachts mit einer Feuersäule. Er gab ihnen alles, was sie brauchten: seine Gegenwart, seine Führung, Nahrung, Ruhezeiten und seinen persönlichen Schutz.

Vielleicht befinden Sie sich auch gerade in einer Wüste. Diese kann unterschiedlich aussehen: Möglicherweise haben Sie und Ihr Ehemann ein großes Kommunikationsproblem, oder Ihre pubertierende Tochter scheint sie zu hassen, vielleicht haben Sie einen Arbeitsplatz ohne Perspektive und Herausforderung oder eine unstillbare Sehnsucht zu heiraten ohne Aussicht auf Erfüllung. Sie können sicher sein: Was auch immer Sie in diese Situation gebracht haben mag, Gott hat seine Hand „im Spiel". Er weiß genau, welche Lektion er Ihnen und den übrigen Beteiligten beibringen will, und er kann es nur auf diese Weise tun. Und weil es Gott selbst war, der Sie in die Wüste geführt hat, können Sie sich auch darauf verlassen, dass er Sie dort versorgen und auch wieder hinausführen wird – zu seiner Zeit und auf seine Weise.

Verzerrte Wahrnehmung

*»Und der HERR sprach zu Mose: Wie lange will mich dieses
Volk verachten, und wie lange wollen sie mir nicht glauben
bei all den Zeichen, die ich in ihrer Mitte getan habe?«*
4. Mose 14,11

Als die Wüstenwanderung der Israeliten sich ihrem
Ende zuneigte, lag das verheißene Land direkt vor ihnen. Gott befahl Mose, Kundschafter auszusenden, die
das Land Kanaan unter die Lupe nehmen sollten. Was
für Essen gab es dort? Waren die einheimischen Kana-
aniter womöglich grausam und garstig? War das Land
fruchtbar genug, um ein Volk von der Größe Israels
dauerhaft beherbergen zu können? Die Kundschafter
schwärmten aus, um all das herauszufinden, und als sie
zurückkamen, hatten sie schlechte Nachrichten im Ge-
päck. *»Wir können nicht gegen das Volk hinaufziehen, denn
es ist stärker als wir«*, behaupteten sie (4. Mose 13,31).
Merken Sie, wo ihr Problem lag? Gott hatte ihnen dieses
Land versprochen, ein Land, in dem Milch und Honig
floss, doch anstatt Gott beim Wort zu nehmen, sahen sie
nur auf die möglichen Schwierigkeiten. Sie zogen Gottes Sichtweise statt ihre eigenen in Zweifel.

Manchmal sind wir geneigt zu denken, dass wir
nichts für unseren Unglauben können. Wir entschul-
digen uns mit der Behauptung, dass für unsere Proble-

me keine Lösung in Sicht ist. Doch die Bibel unterstützt eine solche Denkweise nicht. Gott gibt den Israeliten die Schuld für ihren Unglauben, nicht etwa den schwierigen Umständen, in denen sie sich befinden. Wer sich weigert, Gott zu vertrauen, der »verachtet« ihn, so sagte es Gott selbst zu Mose. Wie sehr ihn unser Misstrauen wohl verletzen muss?!

Gott wollte die Israeliten reich segnen. Wenn sie ihm doch nur Vertrauen geschenkt hätten! Der Schreiber des Hebräerbriefs sagte: *»Deshalb, wie der Heilige Geist spricht: ›Heute, wenn ihr seine Stimme hört, verhärtet eure Herzen nicht wie in der Erbitterung an dem Tage der Versuchung in der Wüste, wo eure Väter mich versuchten, indem sie mich auf die Probe stellten, und sie sahen meine Werke vierzig Jahre. Deshalb zürnte ich diesem Geschlecht und sprach: Allezeit gehen sie irre mit dem Herzen. Sie aber haben meine Wege nicht erkannt. So schwor ich in meinem Zorn: Sie sollen nimmermehr in meine Ruhe eingehen!‹«* (Hebräer 3,7–11).

Lassen Sie es uns den Israeliten nicht gleichtun, die sich um die Segnungen Gottes brachten, weil sie Gott nicht vertrauten. Gott kann unserem Herzen nur dann Ruhe schenken, wenn wir ihn beim Wort nehmen. Stehen Sie heute vor einem scheinbar unüberwindbaren Hindernis, vor einer Situation, die Sie an den Rand der Verzweiflung treibt? Schauen Sie nicht auf Ihre eigene Unfähigkeit. Für Gott ist nichts unmöglich, und wenn Sie auf ihn blicken, wird sich sein Weg vor Ihnen auftun.

Ein göttliches Fest

*»Und du sollst an den ganzen Weg denken, den der HERR,
dein Gott, dich diese vierzig Jahre in der Wüste hat wandern
lassen, um dich zu demütigen, um dich zu prüfen und um
zu erkennen, was in deinem Herzen ist, ob du seine Gebote
halten würdest oder nicht. Und er demütigte dich und ließ
dich hungern. Und er speiste dich mit dem Man,
das du nicht kanntest und das deine Väter nicht kannten,
um dich erkennen zu lassen, dass der Mensch nicht von
Brot allein lebt. Sondern von allem, was aus dem Mund des
HERRN hervorgeht, lebt der Mensch.«*
5. Mose 8,2–3

Seit Beginn ihrer Ehe vor sechs Jahren wünschte sich
Charlotte ein Baby. Mit jeder Schwangerschaft stieg die
Hoffnung, doch sie wurde jedes Mal wieder zerschlagen,
sobald sich erste Anzeichen der herannahenden Katas-
trophe einstellten. Drei Schwangerschaften. Drei Fehl-
geburten. Kein Baby.

Charlottes Herz ist schwer wie Blei und sie ist ratlos.
Gott scheint so weit weg zu sein, und von seinem Trost
ist nichts zu spüren. Charlotte lebt ihr Leben mehr oder
weniger mechanisch weiter: Sie steht morgens auf und
macht ihre Stille Zeit, nimmt Woche für Woche zusammen mit ihrem Mann an den Bibelstunden und den Got-
tesdiensten in ihrer Gemeinde teil und bemüht sich, ihr

Zuhause gemütlich und hübsch zu gestalten. Was bleibt ihr auch anderes übrig? Ihre Sehnsucht ist nach wie vor groß, obwohl ihre Hoffnung schwindet.

Was möchte Gott in Charlottes Leben bewirken? Prüfungen wie diese, aus denen es keinen Ausweg gibt, die nicht so drastisch sind, dass man keinen Sinn mehr im Leben sieht, die aber dennoch den Alltag mit einer schwarzen Wolke überschatten – solche Prüfungen scheinen endlos anzudauern. Warum tut Gott seinen geliebten Kindern so etwas an? Das will uns einfach nicht einleuchten.

Wir kennen nicht die wirklichen Gründe, aber eines wissen wir: Gott möchte, dass Charlotte erkennt, dass er all ihre Bedürfnisse stillen kann. Sie braucht nicht notwendigerweise ein Kind; sie braucht nur Jesus. Nur Gott kann das Wunder bewirken, dass Jesus Christus und seine Herrschaft Platz eins in ihrem Leben einnehmen und ihr oberstes Ziel werden, und mit dieser Absicht handelt er in und durch ihren seelischen Schmerz. Und wer weiß, ob er ihren Wunsch nach einem Baby auch noch erfüllt.

Leben auch Sie gerade im übertragenen Sinn in einer Wüste? Gott mag Sie für immer im Unklaren über seine Beweggründe lassen, doch er wird Ihnen stets die Augen für das öffnen, was Sie wirklich brauchen, wenn Sie es zulassen. Erinnern Sie sich an Hiob? Er ging mit gestärktem Glauben und mit dem Doppelten seines ursprünglichen Reichtums aus seiner „Wüstenzeit" hervor. Doch bevor er an diesen Punkt kam, entschied er sich, sich auch inmitten seines Schmerzes an Gott zu klammern. Noch in der Wüste gab er seinen Zweifel an Gottes Güte auf und besann sich auf dessen Wesen. Ohne zu ahnen, dass ihm das Genommene vielfach erstattet werden würde, konnte er nun bekennen: *»Ich habe erkannt, dass du alles vermagst und kein Plan für dich unausführbar ist«* (Hiob 42,2).

Sind Sie bereit, Gottes Souveränität und Güte zu vertrauen, jetzt und hier, noch bevor Sie das Ende Ihrer Prüfungsgeschichte kennen? Wenn ja, dann dürfen Sie Folgendes erwarten: *»Siehe, wir preisen die glücklich, die ausgeharrt haben. Vom Ausharren Hiobs habt ihr gehört und das Ende des HERRN habt ihr gesehen, dass der Herr voll innigen Mitgefühls und barmherzig ist«* (Jakobus 5,11).

Ein sicherer Hafen

»Gott, mein Gott bist du; nach dir suche ich.
Es dürstet nach dir meine Seele, nach dir schmachtet mein
Fleisch in einem dürren und erschöpften Land ohne Wasser.«
Psalm 63,2

David verbrachte viel Zeit auf der Flucht vor Menschen, die ihm nach dem Leben trachteten – schon bevor er König war, aber auch nachdem er bereits den Thron bestiegen hatte. Als Zufluchtsorte wählte er wüste und karge Landschaften. Doch seine größte Sorge war nicht etwa seine äußere Sicherheit. Vielmehr quälte ihn der innere Schmerz über die Tatsache, dass es ausgerechnet Familienangehörige waren, die ihn lieber tot als lebendig sehen wollten. Bevor David König wurde, wollte ihn sein Schwiegervater Saul, der amtierende König Israels, umbringen. Saul war eifersüchtig auf David und konnte dessen Stärke und Integrität nicht ertragen. Doch schlimmer noch kam es Jahre später, als Davids eigener Sohn, Absalom, seinen Thron an sich reißen wollte, indem er versuchte, ihn aus dem Weg zu räumen.

Wahrscheinlich gibt es keine grauenvollere Vorstellung als die, vor dem eigenen Sohn und dessen Mordversuchen in die Wüste fliehen zu müssen. David kannte die bittere Erfahrung des Vertrauensbruchs im eigenen familiären Lager. Doch mitten in allem

Kummer und Schmerz über den Zerbruch der innigsten menschlichen Bande findet David die viel tiefere und verlässlichere Beziehung zu Gott: »*Denn deine Gnade ist besser als Leben; meine Lippen werden dich rühmen. So werde ich dich preisen während meines Lebens, meine Hände in deinem Namen aufheben. Wie von Mark und Fett wird meine Seele gesättigt werden, und mit jubelnden Lippen wird mein Mund loben*« (Psalm 63,4–6).

Wie konnte Davids Seele zur Ruhe kommen, obwohl ihm seine Familie nach dem Leben trachtete? Ein menschlich schier unvorstellbarer Gedanke. Doch wenn es David möglich war, selbst angesichts der bitteren Erfahrung des Verrats im engsten Kreise inneren Frieden und Freude zu erleben, dann ist uns das ebenfalls möglich. Gott will unser Alles sein, wenn wir ihn nur lassen. Noch einmal: Gott will uns all das sein, was wir ihn sein lassen. Anstatt also in Angst und Selbstmitleid zu versinken und ständig nach Antworten zu suchen, warum uns solch ein Leid widerfahren muss, können wir uns an Gott wenden und entdecken, dass seine Liebe sättigender ist als die Liebe eines Menschen es jemals sein könnte. Wer auch immer es ist, der uns betrügt oder verrät: Gott betrügt uns nie. Gottes Liebe ist die einzige Liebe, die uns niemals aufgibt.

Die Frau in der Wüste

*»Darum: Siehe, ich werde sie locken und sie in die Wüste
führen und ihr zu Herzen reden. Dann gebe ich ihr von dort
aus ihre Weinberge und das Tal Achor als Tor der
Hoffnung. Und dort wird sie willig sein wie in den Tagen ihrer
Jugend und wie an dem Tag, als sie aus dem Land Ägypten
heraufzog. Und es wird geschehen an jenem Tag,
spricht der HERR, da rufst du: Mein Mann!
Und du rufst mich nicht mehr: Mein Baal!«*
Hosea 2,16–18

Gomer war eine vergnügungssüchtige Frau. Alles und
jeder musste hinter ihren eigenen Bedürfnissen und
Wünschen zurückstehen. Sie war mit dem Propheten
Hosea verheiratet, doch offenbar entsprach die Ehe in
vielerlei Hinsicht nicht ihren Vorstellungen. Also nahm
sich Gomer einen Liebhaber nach dem anderen. Mit jeder neuen Affäre ging ihr Leben ein Stück weiter berg-
ab. Was ursprünglich als scheinbar harmloses Spielchen
begann, wurde schnell bitterer Ernst – die typische
Entwicklung eben, die die Sünde mit einem Menschen
nimmt. Doch Hoseas Liebe zu Gomer war unverändert
stark, und so nahm er alles Menschenmögliche auf sich,
um sie zurückzugewinnen. Man fragt sich ernsthaft,
wie es Hosea mit einer so untreuen Ehefrau aushalten
konnte. Er harrte aus, weil er Gott gehorchte, der ihm

geboten hatte, Gomer wieder zu sich zu nehmen. Hoseas Ehe wurde zu seinem geistlichen Dienst – zu einer lebenden Predigt über die Untreue des Volkes Israel gegenüber Gott.

Wir lesen Gomers Geschichte und kommen schnell zu dem Schluss: »Ich würde so etwas niemals tun!« Doch unsere fieberhafte Suche nach Befriedigung unseres Ichs, unsere selbstbezogenen, von Christus abgekoppelten Entwürfe für ein glückliches Leben – ein solches Verhalten ist in Wahrheit eine Form geistlichen Ehebruchs. Oftmals unterscheiden wir uns nicht allzu sehr von einer Frau wie Gomer. Doch ebenso wie Hosea, der alles in Bewegung setzte, um seine Frau zurückzugewinnen, verfährt Gott mit uns, wenn wir wieder von ihm davongelaufen sind.

Vielleicht befinden Sie sich gerade fern von Gott. Vielleicht haben Sie Gott den Rücken gekehrt, um eine Leere in Ihrem Herzen zu füllen oder dem Schrei innerer Sehnsüchte zu folgen. Und vielleicht sind Sie am Ende Ihrer Suche Opfer Ihres eigenmächtig eingeschlagenen Weges geworden. Dann denken Sie an die Lektion, die Gott uns durch das Beispiel des Propheten Hosea erteilt. Gott hat Sie nicht in die Wüste geführt, um Sie zu vernichten, sondern um Ihnen dort zu begegnen – genau dort, in der Einöde, in die Ihre Sünde Sie getrieben hat, warten seine Liebe und Gnade auf Sie, um Sie nach Hause zu holen. Jesus Christus ist Ihr liebender, barmherziger Herr. Mit heiliger und eifernder Liebe wirbt er um Sie und er wird Sie niemals aufgeben.

Das starke Herz der Schwachheit

»Und Jakob blieb allein zurück. Da rang ein Mann mit ihm, bis die Morgenröte heraufkam. Und als er sah, dass er ihn nicht überwältigen konnte, berührte er sein Hüftgelenk; und das Hüftgelenk Jakobs wurde verrenkt, während er mit ihm rang. Da sagte er: Lass mich los, denn die Morgenröte ist aufgegangen! Er aber sagte: Ich lasse dich nicht los, es sei denn, du hast mich vorher gesegnet.«
1. Mose 32,25–27

Ob emotional oder körperlich, ob geistlich oder mental – Schwachheit ist immer ein beängstigendes Phänomen. Jegliche Form der Schwäche vermittelt uns das Gefühl von Hilflosigkeit und Unfähigkeit, das eigene Leben zu meistern. Doch Schwachheit ist immer ein – zugegebenermaßen gut getarnter – Segen.

Der Stammvater Jakob machte nachts in der Wüste einmal genau diese Erfahrung. Jakob war ein Mensch, der im Leben stets auf Kosten anderer vorangekommen war. Gelinde gesagt war er nicht gerade der aufrichtigste Mann im damaligen Israel. Jakob pflegte seine Mitmenschen und seine Lebensumstände zu manipulieren, um sie so unter Kontrolle zu halten. Seine betrügerischen Machenschaften waren jedoch genau genommen eine Folge seines Misstrauens gegenüber Gott und seiner Fähigkeit, ihn, Jakob in ausreichendem Maße zu versorgen.

Doch eines Nachts holten ihn seine Betrügereien und Täuschungsmanöver in der Wüste ein, in die er vor seinem Schwiegervater geflohen war, nachdem er diesen in einer geschäftlichen Angelegenheit übervorteilt hatte. Jakob floh in Richtung seiner Heimat – ein geschickter Schachzug angesichts der Lage der Dinge. Jedoch lief Jakob auf der Flucht um ein Haar seinem Bruder Esau in die Arme, den er einige Jahre zuvor bestohlen hatte. Und weil es zu seiner „Masche" geworden war, sich ständig auf Kosten anderer zu bereichern, wollte er ein solches Zusammentreffen tunlichst vermeiden.

Vor ihm befand sich nun also sein Bruder Esau mit nicht unerheblicher Verstärkung im Gefolge, hinter ihm sein vor Wut schnaubender Schwiegervater Laban. Jakob saß in der Falle! Kurzum – er war genau dort, wo Gott ihn haben wollte. Und eben dort, wo es absolut keine Möglichkeit mehr zur Flucht vor den Folgen seines betrügerischen Verhaltens gab, kam ein Engel, der die ganze Nacht hindurch mit ihm rang. Weil Jakob sich weigerte nachzugeben, renkte der Engel ihm mit einem gezielten Schlag die Hüfte aus, um den Ringkampf für sich zu entscheiden. Gott ging seinen Weg mit Jakob, und obwohl dieser für den Rest seines Lebens hinken musste, war er von nun an furchtloser und fester gegründet als jemals zuvor.

Erkennen wir uns in Jakob wieder? Wenn wir Gott das Vertrauen versagen, führt uns das rücksichtslose Jagen nach Erfüllung unserer eigenen Wünsche und Vorstellungen automatisch weg von ihm. Doch Gott weiß, was wir tun und warum wir so handeln. Er kennt die fatalen Folgen, die solch ein Lebensstil für uns und all diejenigen hat, auf deren Kosten wir unsere Ziele zu erreichen versuchen. Er, der ewig Treue, tritt in den Kampf mit uns und ringt uns unser manipulatives und schädigendes Verhalten ab. Absolut alles setzt er in Bewegung, um uns von unserem Opportunismus und von der Angst zu befreien, die sich zwangsläufig einstellt, sobald wir unserer eigenen Weisheit mehr vertrauen als ihm. Ist Gott zu Ihnen in den Ring getreten? Wenn ja, dann nehmen Sie einen Schlag auf die Hüfte in Kauf. Dieser Schlag wird Ihnen zum Segen werden, so wie es bei Jakob der Fall war:

>»Esau aber lief ihm entgegen, umarmte ihn und fiel ihm um den Hals und küsste ihn; und sie weinten. ... Jakob aber sagte: ... ich habe ja doch dein Angesicht gesehen, wie man das Angesicht Gottes sieht, und du hast Gefallen an mir gehabt. Nimm doch mein Geschenk, das dir überbracht worden ist! Denn Gott hat es mir aus Gnaden geschenkt, und ich habe alles.«*
1. Mose 33,4. 10–11

Dornen auf Wegen
des Segens

»Darum, damit ich mich nicht überhebe, wurde mir ein Dorn
für das Fleisch gegeben, ein Engel Satans, dass er mich mit
Fäusten schlage, damit ich mich nicht überhebe.
Um dessentwillen habe ich dreimal den Herrn angerufen,
dass er von mir ablassen möge. Und er hat zu mir gesagt:
Meine Gnade genügt dir, denn meine Kraft kommt in
Schwachheit zur Vollendung. Sehr gerne will ich mich nun
vielmehr meiner Schwachheiten rühmen, damit die Kraft
Christi bei mir wohne. Deshalb habe ich Wohlgefallen an
Schwachheiten, an Misshandlungen, an Nöten,
an Verfolgungen, an Ängsten um Christi willen; denn wenn
ich schwach bin, dann bin ich stark.«
2. Korinther 12,7–10

Ein körperliches Leiden schwächt uns so sehr, dass wir
nicht mehr am normalen Leben teilhaben können. Aufgrund eines drastischen Einbruchs unserer Finanzen
stapeln sich die unbezahlten Rechnungen. Die Schwie-
germutter oder der Schwiegervater zieht bei uns ein und
gefährdet unseren Familienfrieden. Schicksalsschläge wie diese – frustrierend, stressig, schlafraubend –
treffen jeden von uns. Manchmal stellen sie sich über
Nacht ein, manchmal kommen sie schleichend.

Wissen Sie, wovon ich rede? Vielleicht haben Sie ja bereits Ihre persönlichen Erfahrungen auf diesem Gebiet. Oder Sie stecken gerade mitten in einer solchen Situation, die Ihnen Kummer und Kopfzerbrechen bereitet. Sicherlich haben Sie die Dinge auch schon mehrfach im Gebet vor Gott gebracht. Paulus hat Gott sein persönliches Leid auch immer wieder geklagt und ihn mehrmals gebeten, ihn von seinem »Dorn im Fleisch« (V. 7) zu befreien. Doch Gott griff nicht so ein, wie er es sich erhofft hatte. Gott gab ihm stattdessen die Stärke Jesu Christi.

Dieser „Dorn" schwächte Paulus in mancherlei Hinsicht, genauso wie auch unsere Schwierigkeiten uns die Kraft rauben. Oftmals versuchen wir, im Kampf gegen den stechend schmerzenden Dorn durch Gebet unsere ursprüngliche Stärke wiederzuerlangen. Doch in den meisten Fällen will Gott gerade durch diesen Dorn etwas Gutes in unserem Leben bewirken. Paulus' Zustand absoluter Schwäche gab der Stärke Christi Raum, die er für all das benötigte, was noch vor ihm lag und ohne die er die Segnungen, die Gott noch für ihn bereit hatte, niemals in demselben Maße hätte wertschätzen und genießen können. Die Schwachheit, mit der Kinder Gottes hin und wieder zu kämpfen haben, ist ein Segen, der sich nicht gleich als solcher zu erkennen gibt. Weil die Schwachheit jedoch oftmals so hart und erbittert zuschlägt, ist es schwer, ihn zu enttarnen. Verzweifelt suchen wir einen Ausweg zurück zu unserer gewohnten Selbstsicherheit und zu unserem ruhigen, in geordneten Bahnen verlaufenden Alltag.

Während wir verzweifelt nach einem Weg aus unserer Situation suchen, übersehen wir, dass der Dorn nicht unser eigentliches Problem ist. Verantwortlich für unsere Angst ist vielmehr unser Wunsch nach Erleichterung. Wenn wir doch unsere Gegenwehr aufgäben, würden wir endlich die Gnade erkennen, die Gott uns schenken möchte. Die Gnade, innerlich versöhnt mit unserem schwierigen Ehepartner, unserer Multiple-Sklerose-Erkrankung oder unserer Arbeitslosigkeit leben zu können. Wenn wir dazu bereit sind, werden wir feststellen, dass der Dorn gar nicht entfernt zu werden braucht – denn die Gnade Gottes genügt. Gott wird es uns beweisen, wenn wir es ihm erlauben.

Befreiende Ruhe

»Kommt her zu mir, alle ihr Mühseligen und Beladenen!
Und ich werde euch Ruhe geben. Nehmt auf euch mein Joch
und lernt von mir! Denn ich bin sanftmütig und von Herzen
demütig, und ihr werdet Ruhe finden für eure Seelen;
denn mein Joch ist sanft, und meine Last ist leicht.«
Matthäus 11,28–30

Ruhe? So manch einer kann wahrscheinlich gar nicht verstehen, wovon Jesus hier überhaupt spricht, denn der eine oder andere empfindet das Leben als Christ einfach nur als bloße Last. Schon das Gebet ist eine Stressquelle: Woher nehmen wir die Sicherheit, dass wir richtig beten? Wo wir auch hinsehen, überall um uns herum lauern die Versuchungen, die uns zu Boden zwingen wollen. Man muss auf so vieles achten – und kann so vieles falsch machen. Entspricht dies Ihrer Sichtweise vom Leben im Reich Gottes?

Wenn dem so ist, dann erklärt das natürlich, warum sich Ihnen der Sinn der Worte Jesu in Matthäus 11 nicht recht erschließen will. Denn in der Tat finden diejenigen, die ständig bemüht sind, alles richtig zu machen, niemals Ruhe.

Wir können nicht mit einem freudigen Herzen beten, solange wir glauben, dass Gott uns nur dann erhört, wenn wir es auch möglichst gut, möglichst häufig und möglichst eloquent tun. Ängstliche Bedenken bezüglich der Korrektheit unserer Gebete berauben uns – und Gott – der Gemeinschaft miteinander, für die wir erlöst worden sind.

Wie entkommen wir diesem permanenten Erwartungsdruck? Ganz einfach indem wir uns bewusst machen, dass es nicht unsere Gebete sind, die etwas verändern oder bewirken. Gott ist es, der die Dinge lenkt, und deshalb brauchen wir uns nicht den Kopf zu zerbrechen, ob wir nun korrekt oder gut genug beten oder nicht. Paulus schrieb: *»Ebenso aber nimmt auch der Geist sich unserer Schwachheit an; denn wir wissen nicht, was wir bitten sollen, wie es sich gebührt, aber der Geist selbst verwendet sich für uns in unaussprechlichen Seufzern«* (Römer 8,26).

Genauso schwach sind wir, wenn es um unsere Fähigkeit geht, den Versuchungen des Lebens zu widerstehen, doch auch diese Last müssen wir nicht allein tragen. Die Schrift sagt uns: *»Keine Versuchung hat euch ergriffen als nur eine menschliche; Gott aber ist treu, der nicht zulassen wird, dass ihr über euer Vermögen versucht werdet, sondern mit der Versuchung auch den Ausgang schaffen wird, so dass ihr sie ertragen könnt«* (1. Korinther 10,13).

Jesus Christus ist voller Mitgefühl hinsichtlich unserer geistlichen Kämpfe, *»denn wir haben nicht einen Hohenpriester, der nicht Mitleid haben könnte mit unseren Schwachheiten, sondern der in allem in gleicher Weise wie wir versucht worden ist, doch ohne Sünde. Lasst uns nun mit Freimütigkeit hinzutreten zum Thron der Gnade, damit wir*

Barmherzigkeit empfangen zur rechtzeitigen Hilfe« (Hebräer 4,15–16).

Jesus ist der einzige Ort der Ruhe. Jesus *ist* die Ruhe.
Stützen Sie sich auf ihn, und Ihr Weg mit Gott wird nicht
länger beschwerlich bleiben, sondern ein Weg der Freude sein.

Die Entscheidung liegt bei Ihnen

*»So spricht der HERR: Verflucht ist der Mann,
der auf Menschen vertraut und Fleisch zu seinem Arm macht
und dessen Herz vom HERRN weicht! Er wird sein wie ein
kahler Strauch in der Steppe und nicht sehen, dass Gutes
kommt. Und an dürren Stätten in der Wüste wird er wohnen,
in einem salzigen Land, wo sonst niemand wohnt.«*
Jeremia 17,5–6

Erin hat hohe Erwartungen an ihre Freundschaften.
Sie investiert viel Energie und Zeit in die Menschen, die
ihr etwas bedeuten, aber erwartet das Gleiche auch von
ihnen. Obwohl ihre Freunde sie sehr mögen, leben nicht
alle von ihnen ihre Beziehungen mit derselben Intensi-
tät. Erin lebt deshalb in einer permanenten Angst davor,
ihre Freunde zu verlieren, und stellt sich vorsorglich innerlich schon einmal darauf ein, dass das passiert.

Erin durchlebt die Worte Jeremias. Vielleicht geht
es Ihnen genauso. Der Prophet sagt sogar, dass wir verflucht sind, wenn wir unser Herz und unsere Geschicke in die Hände von Menschen geben. Eigentlich sehr
nachvollziehbar, denn Menschen sind Sünder und werden uns zwangsläufig enttäuschen. Wenn wir auf Menschen bauen, wird unser Leben früher oder später kahl

und unfruchtbar werden wie ein Strauch in der Steppe – eine hilflose Pflanze ohne Aussicht auf Nahrung und Schutz. Setzen wir unser ganzes Vertrauen in Menschen – in eine Freundin, in unseren Ehepartner, in unser Kind – und liefern uns ihnen so mit Haut und Haaren aus, werden wir den Blick für die Segnungen Gottes verlieren. Jeremia betont, dass wir dann nicht mehr werden sehen können, dass Gutes kommt. Eine beunruhigende Aussicht. Gott hat eine Menge Gutes für uns vorbereitet, doch wenn wir unsere eigenen Wege suchen, um Erfüllung zu erleben, blicken wir nicht mehr in seine Richtung.

Jeremia stellt uns einen anderen Lebensstil vor und rät uns, unser Vertrauen nicht auf Menschen, sondern auf Gott zu setzen. Suchen wir unsere Sicherheit bei Gott, werden wir sein »*wie ein Baum, der am Wasser gepflanzt ist und am Bach seine Wurzeln ausstreckt und sich nicht fürchtet, wenn die Hitze kommt. Sein Laub ist grün, im Jahr der Dürre ist er unbekümmert, und er hört nicht auf, Frucht zu tragen*« (Jeremia 17,7–8).

Schenken Sie Gott Ihr Vertrauen oder erwarten Sie Ihre Erfüllung von Menschen? Die wirkliche Antwort kennt allein Gott. Jeremia schließt seine botanischen Beobachtungen mit folgendem Reden Gottes: »*Trügerisch ist das Herz, mehr als alles, und unheilbar ist es. Wer kennt sich mit ihm aus? Ich, der HERR, bin es, der das Herz erforscht und die Nieren prüft, und zwar um einem jeden zu geben nach seinen Wegen, nach der Frucht seiner Taten*« (Jeremia 17,9–10). Wenn Sie feststellen, dass Ihre Freundschaften Ihr Stressbarometer in die Höhe treiben und Sie nicht wirklich zufriedenstellen können, dass die Menschen in Ihrem Umfeld Sie ständig enttäuschen und Sie sich eher wie ein Strauch in der Steppe als wie ein blühender Baum fühlen, dann weiß Gott darüber Bescheid. Laden Sie ihn in Ihr Herz ein, und Sie werden erleben, dass er Ihr inneres Sehnen stillt und Ihnen das geben kann, wonach Sie so lange und so vergeblich gesucht haben.

Lauter Güte –
in jeder Hinsicht

»Ach, wenn ich mir nicht sicher wäre,
das Gute des HERRN zu schauen im Land der Lebendigen!«
Psalm 27,13

Die meisten alleinstehenden Frauen, die ich kennengelernt haben, haben den Wunsch zu heiraten. Oft haben sie schon lange und inständig dafür gebetet, dass
Gott ihnen einen Ehepartner schenkt, und viele dieser
Gebete hat Gott auch mit einer Eheschließung beantwortet. Manche Frauen jedoch bekommen eine andere
Antwort: die Gnade, ein zufriedenes Singledasein zu
führen, und Gelegenheiten, besondere Aufgaben zu erfüllen.

Einige warten jedoch über lange Zeit verzweifelt auf
die Beantwortung ihrer Gebete. Mit den Jahren nimmt
ihre Unzufriedenheit deutlich zu und sie machen sich
zunehmends Sorgen um ihre Zukunft. Ja, natürlich
nehmen sie all die Segnungen Gottes in ihrem Leben
wahr – anspruchsvolle berufliche Tätigkeiten, viele
Freunde, gute Gemeinden – doch können sie sich nicht
gegen das unterschwellige Unbehagen angesichts der
Tatsache wehren, dass ihre Chancen auf eine eigene
Familie von Jahr zu Jahr geringer werden. Deshalb fällt

es ihnen schwer, ihre Singlejahre zu genießen und Gott freudig in allen Belangen des täglichen Lebens zu dienen.

Vielleicht hadern auch Sie mit Ihrem Familienstand. Oder etwas anderes macht Sie unzufrieden, Sie wollen nicht länger in der Warteschleife festsitzen, bis Gott sich endlich um Ihre Bedürfnisse kümmert. Der Grund für unsere Angst und für unseren Eindruck, in der Schwebe zu hängen, liegt nicht im Vorhandensein unerfüllter Bedürfnisse, sondern in unserem Misstrauen gegenüber Gott. Und der Grund für unser Misstrauen wiederum ist unsere innere Überzeugung, dass Gott nicht wirklich gut sein kann, wenn er uns so lange in der Situation schmoren lässt, in der wir uns befinden. Haben wir Mühe, Gott zu vertrauen, liegt es immer daran, dass wir seine Güte anzweifeln.

Gott hat stets unser Bestes im Blick, und auch wenn es für unsere Begriffe nicht so aussehen mag, wird er es immer umsetzen. Wir können ihm vertrauen. Wir können darauf vertrauen, dass wir jetzt gerade noch unverheiratet sind, weil Gott jetzt gerade gut zu uns ist. Wir können darauf vertrauen, dass wir jetzt gerade kein Baby bekommen, keinen Job haben oder krank sind, weil Gott jetzt gerade gut zu uns ist. »*Der HERR ist gerecht in allen seinen Wegen und treu in allen seinen Werken. Nahe ist der HERR allen, die ihn anrufen, allen, die ihn in Wahrheit anrufen. Er erfüllt das Verlangen derer, die ihn fürchten. Ihr Schreien hört er, und er hilft ihnen*« (Psalm 145,17–19).

Unser guter Vater

»Preise den HERRN, meine Seele,
und all mein Inneres seinen heiligen Namen!
Preise den HERRN, meine Seele,
und vergiss nicht alle seine Wohltaten! ...
Wie sich ein Vater über Kinder erbarmt,
so erbarmt sich der HERR über die, die ihn fürchten.«
Psalm 103,1–2.13

Als kleines Mädchen hatte Beth keinen guten Vater. Sie hatte nicht wie andere Kinder einen Vater, der sie liebte und beschützte, sich um sie kümmerte und sie in den Arm nahm, wenn sie traurig war. Heute, als Erwachsene, ist Beth misstrauisch gegenüber Gott. Weil das Bild eines Vaters negative Erinnerungen in ihr wachruft, hat Beth sich hinter einer Mauer des Selbstschutzes verschanzt, hinter der sie sich jedoch auch nicht wirklich sicher und aufgehoben fühlt. Im Gegenteil: Immer und immer wieder treibt sie die Angst umher. Zu lange und zu häufig hat sie den Stimmen vertraut, die mitleidsvoll nickend zu bedenken gaben: »Es ist ganz natürlich, dass du Probleme hast, Gott zu vertrauen. Dein ganzes Leben lang wirst du Mühe damit haben, ihn wirklich an dein Herz heranzulassen.« Solche Mitleidsbekundungen verletzen sie mehr, als dass sie helfen.

Sind Sie auch mit einem negativen Vatervorbild aufgewachsen? Viele Frauen können von einer Kindheit wie der von Beth berichten. Doch diese Tatsache muss sie nicht daran hindern, sich auf Gottes vollkommene Vaterrolle einzulassen und sie zu genießen. Vielleicht führt sie sogar zu einem noch viel intensiveren Verständnis der Bedeutung dessen, was es bedeutet, dass Gott ihr vollkommener Vater ist.

Auch wenn es Ihnen nicht vergönnt war, mit einem guten und geistlich gesinnten Vater aufzuwachsen, so hat Gott doch Mittel und Wege, das, was Sie versäumt haben, zu ersetzen – in erster Linie durch seine eigene Person, aber genauso gut durch andere: Pastoren, Lehrer, Freunde und vielleicht durch eine eigene Familie. In welcher Form es auch immer geschehen mag – Gottes Töchter haben alle die Chance, einen guten Vater zu erleben, weil Gott der eine, vollkommene Vater ist (vgl. Matthäus 23,9).

Weil Gott uns in Jesus Christus als Vater begegnet, besteht nicht ein Fünkchen Zweifel daran, dass es Gottes ausdrücklicher Wille für uns ist, Vaterschaft als etwas Positives zu begreifen und zu erfahren. Er möchte, dass Sie ihn als Ihren wahren und ewigen Vater kennenlernen, der Sie durch und durch kennt und sich nach Gemeinschaft mit Ihnen sehnt.

Er ist ein Vater, der weiß, was Sie brauchen, bevor Sie ihn bitten (Matthäus 6,8). Er ist ein Vater, der gerne vergibt. Er ist ein Vater, »der da vergibt alle deine Sünde, der da heilt alle deine Krankheiten. Der dein Leben erlöst aus der Grube, der dich krönt mit Gnade und Erbarmen, der mit

Gutem sättigt dein Leben« (Psalm 103,3–5). So ist ein wirklicher Vater. Unabhängig davon, mit welchem Vatervorbild Sie aufgewachsen sein mögen: Gott ist der Vater, der Ihnen ewig die Treue hält.

Ihr Platz in Gottes Familie

»Denn ihr habt nicht einen Geist der Knechtschaft empfangen, wieder zur Furcht, sondern einen Geist der Sohnschaft habt ihr empfangen, in dem wir rufen: Abba, Vater! Der Geist selbst bezeugt zusammen mit unserem Geist, dass wir Kinder Gottes sind. Wenn aber Kinder, so auch Erben, Erben Gottes und Miterben Christi, wenn wir wirklich mitleiden, damit wir auch mitverherrlicht werden.«
Römer 8,15–17

Gott ist unser Vater, der jeden von uns als sein einzigartiges und wertgeachtetes Kind angenommen hat. Doch wie können wir uns dessen wirklich sicher sein? Wir können uns deshalb sicher sein, weil wir den Heiligen Geist empfangen haben. Wir können uns sicher sein, weil die Sehnsucht nach Gott in unser Herz hineingelegt wurde. Wir können uns sicher sein, weil es uns nicht egal ist, was Gott denkt und wie unsere Beziehung zu ihm aussieht.

Mit Sicherheit werden uns Ängste und Zweifel überkommen, wenn wir uns der Zugehörigkeit zu Gottes Familie nicht sicher sind oder Sorge haben, wir könnten etwas tun, das diese Zugehörigkeit riskieren könnte. Dabei kann uns gerade diese Besorgnis die Sicherheit vermitteln, die wir brauchen. Ungläubige scheren sich nicht im Geringsten darum, ob ihr Verhältnis zu Gott in

Ordnung ist oder nicht. Vielmehr ist ihnen Gott völlig gleichgültig. »*Der Gottlose denkt hochnäsig: ›Er wird nicht nachforschen.‹ ›Es ist kein Gott!‹ sind alle seine Gedanken*« (Psalm 10,4). Genau die Tatsache, dass wir uns Gedanken machen, Gott nicht gefallen zu können, sollte unsere Sorge um unser Verhältnis zu ihm vertreiben.

Unser Adoptivstatus ist amtlich und kann uns nicht wieder entzogen werden. Jesus hat uns erlöst und uns dem Vater für immer und ewig erkauft. Bevor Jesus auf diese Erde kam, war es niemandem auch nur im Entferntesten möglich, Gott mit »Abba«, also »Vater« anzureden, einer Bezeichnung, die Nähe und Zuneigung ausdrückt. Doch das Kommen Jesu hat alles verändert. Jesus wurde zur Brücke zwischen Gott, dem Vater, und seinen Kindern. Nur durch Jesus wird aus Gott für uns »Abba«. Sofern wir mit Christus verbunden sind, ist uns ein Platz inmitten der Kinder Gottes auf ewig sicher. Der Apostel Johannes schrieb: »*Seht, welch eine Liebe uns der Vater gegeben hat, dass wir Kinder Gottes heißen sollen! Und wir sind es. Deswegen erkennt uns die Welt nicht, weil sie ihn nicht erkannt hat*« (1. Johannes 3,1).

Gott hat Sie so sehr geliebt, dass er seinen einzigen Sohn geopfert hat, um Sie nah an sein Herz ziehen und Gemeinschaft mit Ihnen haben zu können. Gibt es etwas Größeres, etwas Erhabeneres, als in den Genuss der Gemeinschaft mit Ihrem himmlischen Vater zu kommen? Wenn Sie glauben, dass Jesus sein Werk für Sie persönlich vollbracht hat, dann ist Gott Ihr Vater.

Habt Ihr noch
keinen Glauben?

»Und es erhebt sich ein heftiger Sturmwind, und die Wellen
schlugen in das Boot, so dass das Boot sich schon füllte.
Und er war hinten im Boot und schlief auf dem Kopfkissen;
und sie wecken ihn auf und sprechen zu ihm:
Lehrer, kümmert es dich nicht, dass wir umkommen?
Und er wachte auf, bedrohte den Wind und sprach
zu dem See: Schweig, verstumme! Und der Wind legte sich,
und es entstand eine große Stille. Und er sprach zu ihnen:
Warum seid ihr furchtsam? Habt ihr noch keinen Glauben?«
Markus 4,37–40

Was seid ihr so furchtsam?«, fragt Jesus seine Jünger. Er stellt diese Frage nicht in Erwartung einer Antwort. Er kannte die Antwort bereits. Jesus legte seinen Finger auf das Problem ihres Unglaubens, den wahren Grund für ihre Angst. Eigentlich hätten sie sich gar nicht fürchten müssen, denn Jesus war bei ihnen. Die Wahrheit dieser Aussage trifft genauso auf uns zu, wenn wir zu Jesus gehören. Keine Versuchung, keine Tragödie, keine Krise kann über uns hereinbrechen, ohne dass Jesus seine schützende Hand über uns halten würde.

Sind wir uns eigentlich bewusst, welche Sicherheit wir in Christus haben? Wir sind es offensichtlich nicht, wenn wir überlegen, wie wir Gott auf die Sprünge helfen und zum Eingreifen bewegen können, wenn etwas schiefläuft. Wir haben nicht verstanden, was Sicherheit in Christus bedeutet, wenn wir meinen, der Tag werde ganz bestimmt aus den Fugen geraten, weil wir am Morgen versäumt haben, Stille Zeit zu machen. Wir haben noch nicht unseren Reichtum in Christus begriffen, wenn wir glauben, ein bestimmtes geistliches Level erreichen zu müssen, damit Gott uns einen Ehepartner schenkt, in unsere Ehe eingreift oder unsere Kinder bewahrt. Wir haben die Wahrheit des Evangeliums noch nicht verinnerlicht, wenn wir in ständiger Angst und Sorge leben. *»Kommt her zu mir, alle ihr Mühseligen und Beladenen! Und ich werde euch Ruhe geben«*, sagt Jesus (Matthäus 11,28).

Die Ruhe, von der Jesus hier spricht, ist unser geistliches Geburtsrecht, das wir in Christus haben. Es ist eine Ruhe, aus der Frieden, Reichtum, Weisheit, Furchtlosigkeit und eine konkrete Bestimmung hervorgehen. Zuallererst jedoch vermittelt sie uns die Ruhe und Geborgenheit des Herzens, die wir uns so sehnlichst wünschen, das Bewusstsein, dass wir bei unserem himmlischen Vater sicher, geborgen und geliebt sind. In der Verbundenheit mit Jesus Christus sind wir sicher, egal, wie heftig die Stürme sind, die um uns herum wüten.

Vielleicht schlagen die Wogen Ihres Lebens heute besonders hoch und der Wind pfeift Ihnen um die Nase. Jesus hat Sie nicht verlassen. Auch wenn es den Anschein hat, als würde er schlafen und könne sich gerade nicht um sie kümmern, können Sie sicher sein, dass er Ihr Leben unter Kontrolle hat. Er muss nur ein Wort sprechen und Ihr Sturm wird verstummen.

Ein Schutzwall
gegen die Angst

»Mehr als alles, was man sonst bewahrt, behüte dein Herz!
Denn in ihm entspringt die Quelle des Lebens.«
Sprüche 4,23

Eva diskutierte mit der Schlange und verlor das Wortgefecht (1. Mose 3,1–6). *»Und die Schlange war listiger als alle Tiere des Feldes, die Gott, der HERR, gemacht hatte; und sie sprach zu der Frau: Hat Gott wirklich gesagt, ...?«* (Vers 1)

Eva hatte den Kampf bereits in dem Moment verloren, als sie sich der Schlange zuwandte und ihr Gehör schenkte.

Der Teufel ist stärker und klüger als wir. Diskussionen mit ihm sind deshalb sinnlos und können unsere Probleme eher noch verstärken. Jesus hat uns eine Hilfe an die Hand gegeben, wie wir Satan widerstehen können. Als Jesus in der Wüste vom Teufel versucht wurde, antwortete er ihm mit der Schrift (vgl. Matthäus 4,1–11). Die Heilige Schrift ist das Angriffsmittel aus unserem Waffenarsenal für geistliche Kampfführung. Der Apostel Paulus bezeichnete das Wort Gottes als das »Schwert des Geistes« (Epheser 6,17). Greift Satan an, indem er Sie anklagt, müssen Sie seine Lügen weder anhören noch darauf reagieren. Er mag Ihnen vorwerfen, ein schlechter Christ zu sein, will Ihre Sinne mit etwas Verbotenem gefangen nehmen oder Ihnen einflüstern, Gott sei kein guter Gott, doch die Schrift liefert uns Argumente, um jeder einzelnen Lüge etwas entgegenzuhalten. Das Hineinvertiefen in die Bibel ist eine der wirksamsten Methoden, unser Herz zu schützen und zu bewahren.

Manchmal erfordert der Schutz unseres eigenen Herzens die sofortige Flucht. Die Bibel sagt: »*Ein fester Turm ist der Name des HERRN; zu ihm läuft der Gerechte und ist in Sicherheit*« (Sprüche 18,10). Wir müssen zu unserem »starken Turm« laufen, zu Christus, wenn wir in der Gefahr stehen, Gottes liebende Fürsorge anzuzweifeln. Wir müssen zu ihm laufen, wenn uns die Versuchung zur Sünde zu überwältigen droht. Wir müssen zu ihm laufen, wenn alles um uns herum zusammenbricht und wir unserem Glauben nicht mehr über den Weg trauen.

Wir bewahren unser Herz auch, indem wir unsere Gedanken im Zaum halten. Unser Sinn, unsere Gedanken sind das Schlachtfeld, auf dem geistliche Kämpfe stattfinden. Dort wird über Sieg oder Niederlage entschieden. Wir erfahren die Wahrheit dieser Tatsache Tag für Tag am eigenen Leibe: Solange unser Blick auf Gott gerichtet bleibt, ist uns der Friede verheißen: »*Bewährten Sinn bewahrst du in Frieden, in Frieden, weil er auf dich vertraut*« (Jesaja 26,3). Paulus schrieb: »*Sinnt auf das, was droben ist, nicht auf das, was auf der Erde ist! Denn ihr seid gestorben, und euer Leben ist verborgen mit dem Christus in Gott*« (Kolosser 3,2–3). Paulus rät uns außerdem, unsere Gedanken auf das zu richten, was wahr, ehrbar, gerecht, rein, liebenswert, wohllautend und lobenswert ist (vgl. Philipper 4,8). Sind unsere Gedanken über Gott wohllautend und von Wertschätzung gezeichnet oder denken wir im Grunde unseres Herzens nicht so gut von ihm?

Sein Herz zu bewahren ist die praktischste Methode, uns gegen die Angst zu schützen, die nach uns greifen will. Und wir sind durchaus in der Lage dazu, *»denn Gott hat uns nicht einen Geist der Furchtsamkeit gegeben, sondern der Kraft und der Liebe und der Zucht«* (2. Timotheus 1,7).

Wollen Sie wirklich?

»Es ist aber in Jerusalem bei dem Schaftor ein Teich, der auf Hebräisch Betesda genannt wird, der fünf Säulenhallen hat. In diesen lag eine Menge Kranker, Blinder, Lahmer, Dürrer. Es war aber ein Mensch dort, der achtunddreißig Jahre mit seiner Krankheit behaftet war. Als Jesus diesen daliegen sah und wusste, dass es schon lange Zeit so mit ihm steht, spricht er zu ihm: Willst du gesund werden?«
Johannes 5,2–6

Jesus fragte den Gelähmten: »Willst du gesund werden?« Lassen wir uns einmal dieselbe Frage in Bezug auf unsere Angst gefallen. Wollen wir frei werden von unseren Ängsten? Wenn wir Gottes Wort ernst nehmen, dann können wir Befreiung erleben. Die Entscheidung liegt bei uns.

Der Mann am Teich wollte wirklich gesund werden, also heilte Jesus ihn, ohne zu zögern. Jetzt, heute, haben wir die Wahl, und wir haben sie nicht nur heute, sondern müssen sie Tag für Tag neu treffen: Entweder halten wir weiterhin an unserer eigenen Denk- und Lebensweise fest, oder wir werfen all unsere Sorgen auf Jesus Christus und auf unseren allmächtigen, allwissenden und liebenden himmlischen Vater. Werden wir uns entscheiden, Gott zu vertrauen, dass er unser Leben und unsere Geschicke auf souveräne Weise lenkt? Wenn ja, dann werden wir erfahren, dass er absolut vertrauenswürdig ist.

Unser Vater liebt uns, und je mehr wir aus der Fülle dieser Liebe schöpfen, desto mehr wird sie die Angst aus unserem Herzen verdrängen. *»Furcht ist nicht in der Liebe, sondern die vollkommene Liebe treibt die Furcht aus, denn die Furcht hat es mit Strafe zu tun. Wer sich aber fürchtet, ist nicht vollendet in der Liebe«* (1. Johannes 4,18). Je mehr wir im Glauben erfassen, dass Gott uns liebt, desto mehr wird die Furcht von uns weichen.

Wir müssen uns bewusst von dem falschen Denken verabschieden, dass sich unsere Ängste verflüchtigen, wenn sich nur unsere Lebensumstände zum Guten wenden. Wenn wir uns entscheiden, dass wir gesund sein wollen, bedeutet das gleichzeitig, dass wir die wirklichen Ursachen unserer Ängste und Sorgen erforschen und uns ein Bild von unserer Beziehung zu Gott machen müssen. Wir müssen beginnen, für ein demütiges Herz zu beten, um Gottes Freundlichkeit, Liebe und Macht erkennen zu können, bevor wir um Befreiung von unseren chaotischen Umständen, Beziehungsproblemen und anderen Schwierigkeiten in unserem Leben bitten. Gott würde nichts lieber tun, als uns Ruhe und Freude für unsere Seelen zu schenken, doch die Entscheidung liegt bei uns – die Entscheidung für inneren Frieden und tiefe Freude.

Anmerkungen

[1]   Übersetzt nach: Os Guiness, *God in the Dark: The Assurance of Gaith Beyond a Shadow of a Doubt* (Wheaton, Il: Crossway Books, 1996), 152

[2]   Übersetzt nach: Elisabeth Elliot, *Discipline: The Glad Surrender* (Grand Rapids, Mi: Revell, 1994), 61

[3]   J. I. Packer: *Gott erkennen;* Verlag der Liebenzeller Mission, 4. Auflage 1994, S. 226

[4]   Übersetzt nach: Wayne Mack: Humility: *The Forgotten Virtue* (Phillipsburg, NJ: P&R, 2005), 128; mit Hervorhebungen des Autors

[5]   Übersetzt nach: Martyn Lloyd-Jones, *Spiritual Depression: Its Causes and Cures* (Grand Rapids, MI: Eerdmans, 1965), 194–195

Wahre Zufriedenheit erleben!

Lydia Brownback

Zufriedenheit

Andachten für Frauen

Viele Frauen glauben der Lüge: „Du bist erst glücklich, wenn ..." Am Ende bleibt der Frust. Die Autorin zeigt, dass wahre Zufriedenheit im Streben nach den richtigen Dingen liegt. Jede dieser 30 Andachten möchte Frauen zu bleibender Erfüllung führen. Dies ist der erste Band einer vierteiligen Reihe. Die weiteren Themen sind Vertrauen, Freude und Reinheit.

Best.-Nr. 273.904

Lydia Brownback

Freude

Andachten für Frauen

Auch bei Christen hängt die Freude oft von den Lebensumständen ab. Bleibende Freude gibt das Vertrauen
in Gottes Verheißungen und die Beziehung zu Jesus
Christus. Die 42 biblisch gegründeten Andachten wollen Frauen helfen, diese Freude zu entdecken und aus-
zustrahlen.

Best.-Nr. 273.937